学ぶ人は、
変えて
ゆく人だ。

目の前にある問題はもちろん、

人生の問いや、

社会の課題を自ら見つけ、

挑み続けるために、人は学ぶ。

「学び」で、

少しずつ世界は変えてゆける。

いつでも、どこでも、誰でも、

学ぶことができる世の中へ。

旺文社

もくじ

教科書対照表　下記専用サイトをご確認ください。

https://www.obunsha.co.jp/service/teikitest/

S T A F F	編集協力	有限会社マイプラン（広川千春）／入江泉
	校正	石川道子／敦賀亜希子／株式会社東京出版サービスセンター
	英文校閲	Jason Andrew Chau
	装丁デザイン	groovisions
	本文デザイン	大滝奈緒子（プラン・グラフ）
	本文イラスト	佐藤修一

本書の特長と使い方

本書の特長

1 STEP 1 **要点チェック**, STEP 2 **基本問題**, STEP 3 **得点アップ問題**の3ステップで, 段階的に定期テストの得点力が身につきます。

2 スケジュールの目安が示してあるので, 定期テストの範囲を1日30分×7日間で, 計画的にスピード完成できます。

3 コンパクトで持ち運びしやすい「+10点暗記ブック」&赤シートで, いつでもどこでも, テスト直前まで大切なポイントを確認できます。

STEP 1 要点チェック

テスト1週間前から確認!

単元の要点をまとめたページです。テスト範囲の大事なポイントを確認しましょう。

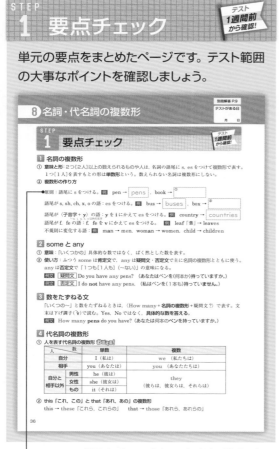

「要点チェック」の大事なポイントを, 一部なぞり書きをしたり, 書き込んだりして整理できます。

STEP 2 基本問題

テスト5日前から確認!

基本的な問題で単元の内容を確認しながら, 定期テストの問題形式に慣れるよう練習しましょう。

わからない問題は, 右のヒントを見ながら解くことで, 理解が深まります。

アイコンの説明

 おぼえる! これだけは覚えたほうがいい内容。

 よくでる テストによくでる内容。
時間がないときはここから始めよう。

 ミス注意! テストで間違えやすい内容。

難 難しい問題。
これが解ければテストで差がつく!

ポイント その単元のポイントをまとめた内容。

 入試に出る! 実際の入試問題。定期テストに
出そうな問題をピックアップ。

STEP 3 得点アップ問題

テスト3日前から確認!

単元の総仕上げ問題です。テスト本番と同じように取り組んで, 得点力を高めましょう。

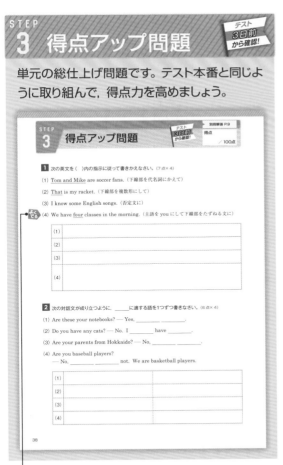

アイコンで, 問題の難易度など
がわかります。

定期テスト予想問題

章末のまとめ
問題です。
総合的な問題
にチャレンジ
できます。

+10点 暗記ブック

コンパクトで,
テスト当日の
確認にピッタリ!
赤シート付き。

1 アルファベット

STEP 1 要点チェック

1 アルファベットを覚えよう！

英語で使われる文字を**アルファベット**といい，A(a)から Z(z)まで 26 の文字がある。

大文字と小文字：アルファベットには大文字と小文字がある。

A	エイ [ei]	A	a	**J**	ヂェイ [dʒei]	J	j	**S**	エス [es]	S	s
B	ビー [bi:]	B	b	**K**	ケイ [kei]	K	k	**T**	ティー [ti:]	T	t
C	スィー [si:]	C	c	**L**	エる [el]	L	l	**U**	ユー [ju:]	U	u
D	ディー [di:]	D	d	**M**	エム [em]	M	m	**V**	ヴィー [vi:]	V	v
E	イー [i:]	E	e	**N**	エン [en]	N	n	**W**	ダブリュー [dʌblju:]	W	w
F	エふ [ef]	F	f	**O**	オウ [ou]	O	o	**X**	エックス [eks]	X	x
G	ヂー [dʒi:]	G	g	**P**	ピー [pi:]	P	p	**Y**	ワイ [wai]	Y	y
H	エイチ [eitʃ]	H	h	**Q**	キュー [kju:]	Q	q	**Z**	ズィー [zi:]	Z	z
I	アイ [ai]	I	i	**R**	アー [ɑ:r]	R	r				

Z は「ゼッド」[zed] とも発音する。

2 アルファベットを書いてみよう！

アルファベットを書くときは，4 線（ ⬚ ）を目安にし，高さや形に注意して書く。

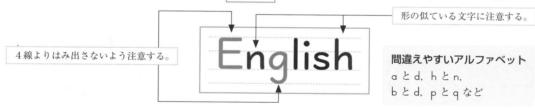

形の似ている文字に注意する。

4 線よりはみ出さないよう注意する。

間違えやすいアルファベット
a と d, h と n,
b と d, p と q など

基本問題

別冊解答 P.1

得点　　／100点

---

1 次のアルファベットの大文字と小文字がセットになるように, ☐ に適切なアルファベットを書きなさい。(10点×6)

(1) B

(2) E

(3) M

(4) ⬜ g

(5) ⬜ l

(6) ⬜ u

> **1**
> (1) D の小文字と間違えないようにする。
> (2) 大文字と小文字の形が異なるので，注意する。
> (5) l の大文字は L。

---

2 次のアルファベットをアルファベット順に並べかえなさい。(10点×4)

(1) G E C F D

(2) P L N M O

(3) k i l h j

(4) y u x v w

> **2**
> (1) C から始める。
> (2) L から始める。
> (3) h から始める。
> (4) u から始める。

2 単語と発音

STEP 1 要点チェック

テスト 1週間前 から確認!

1 アルファベットと発音

ポイント 同じアルファベットでも，単語によって異なる発音をする。

ア プ る **apple** [ǽpl]（りんご）	エイプ ロン **apron** [éiprən]（エプロン）

a はア や エイと発音したり，ほかの音で発音したりする。

各組の太字の発音のちがいに注意して，次の単語を言いましょう。

e
エッグ **egg**（卵） [eg]
— 日本語のア，イ，ウ，エ，オに似た音を母音という。

イー ヴ ニ ン グ **evening**（夕方，晩） [íːvniŋ]

i
イン ク **ink**（インク） [iŋk]
— 短く発音する母音を短母音という。

アイス **ice**（氷） [ais]
— 母音が2つつながっているものを二重母音という。

o
オー リン ヂ **orange**（オレンジ） [ɔ́(ː)rindʒ]
— 長く発音する母音を長母音という。

オウ シャ ン **ocean**（海） [óuʃ(ə)n]

c
カ ァ **car**（車） [kɑːr]

スィティ **city**（都市） [síti]
— 母音以外の発音を子音という。英語の発音は，子音と母音の組み合わせでできている。

2 つづりと発音

下線部のつづりと発音に注意して，次の単語を言いましょう。

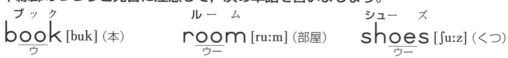

ブック **book** [buk]（本）
ウ

ルー ム **room** [ruːm]（部屋）
ウー

シュー ズ **shoes** [ʃuːz]（くつ）
ウー

発音の強弱 英語は単語によって強く発音する部分が決まっている。

強く発音するところを意識して発音しよう。

バ ナ ナ **banana**（バナナ）
イ ン タ ネ ッ ト **Internet**（インターネット）

3 月の名前と曜日

① **月の名前**　月の名前はいつも**大文字で始める。**

1月	January	2月	February	3月	March
4月	April	5月	May	6月	June
7月	July	8月	August	9月	September
10月	October	11月	November	12月	December

② **曜日**　曜日名はいつも**大文字で始める。**

月曜日　　火曜日　　水曜日　　木曜日

Monday — Tuesday — Wednesday — Thursday

金曜日　　土曜日　　日曜日

— Friday — Saturday — Sunday

4 数字

1～10

| 1 | 2 | 3 | 4 | 5 | 6 | 7 | 8 | 9 | 10 |
| one | two | three | four | five | six | seven | eight | nine | ten |

11～19

| 11 | 12 | 13 | 14 | 15 |
| eleven | twelve | thirteen | fourteen | fifteen |

| 16 | 17 | 18 | 19 |
| sixteen | seventeen | eighteen | nineteen |

20～100

| 20 | 30 | 40 | 50 | 60 | 70 | 80 |
| twenty | thirty | forty | fifty | sixty | seventy | eighty |

| 90 | 100 |
| ninety | one hundred |

21～99　20, 30…（10の位）と1, 2…（1の位）を組み合わせて, ハイフン(-)でつなぎ, **twenty-one**（21）, **ninety-nine**（99）のように言う。

5 色

| 赤 | 青 | 緑 | オレンジ |
| red | blue | green | orange |

| 黄色 | 白 | 黒 |
| yellow | white | black |

基本問題

テスト **5日前** から確認！

別冊解答 P.1

得点 ／100点

---

1 絵を見て □ に適する文字を [ ] 内から選び，正しいつづりを書きなさい。(15点×2)

(1)

c □ p [a , u]

(2)

□ vening [e , i]

2 次の各組の語のうち，下線部の発音がほかとちがうものを1つ選んで書きなさい。(10点×4)

(1) fish lion milk

(2) desk weather seat

(3) cat cake bag

(4) city cap car

3 次の各組の語のうち，強く発音する部分が同じものには○，ちがうものには×を書きなさい。(15点×2)

(1) { gui-tar
     ta-ble

[   ]

(2) { cof-fee
     wa-ter

[   ]

1

(1) cup [kʌp]

(2) evening [íːvniŋ]

2

(1) fish [fiʃ], lion [láiən], milk [milk]

(2) desk [desk], weather [wéðər], seat [siːt]

(3) cat [kæt], cake [keik], bag [bæg]

(4) city [síti], cap [kæp], car [kɑːr]

STEP 2 基本問題 要点チェック3〜5対応

別冊解答 P.2

得点 ／100点

---

1 次の月を順番に並べるとき, [　　] に適する月をア〜オの中から選び, 記号で答えなさい。(10点×3)

(1) January — [　　　] — March

(2) [　　　] — August — September

(3) October — [　　　] — December

ア July　イ June　ウ November　エ May

オ February

1
(1) 「2月」は February で表す。
(3) 「11月」は November で表す。

2 次の曜日を順番に並べるとき, _____ に適する曜日を □ から選んで書きなさい。(10点×3)

(1) _____ — Tuesday — Wednesday

— (2) _____ — Friday — Saturday

— (3) _____

| Sunday | Monday | Thursday |

2
(1) 「月曜日」は Monday で表す。

3 次の数字や色を表す単語を下の □ から選んで書きなさい。(10点×4)

(1) 5

(2) 12

(3) 白

(4) 緑

| fifteen | green | twelve | blue | five | white |

3
(1) 「5」は five で表す。
(4) 「緑」は green で表す。

③ あいさつ・授業で使う英語

STEP 1 要点チェック

テスト1週間前から確認！

① 先生や友だちに英語であいさつしてみよう！

Hi, Akira.
（こんにちは，アキラ。）

Hi, Lisa.
（やあ，リサ。）

最初のあいさつをしよう。**Hi.** は友だちや親しい人へのあいさつ。先生や目上の人には **Hello.**「こんにちは。」と言う。Hi.やHello.は 1 日のうちのいつでも使えるあいさつ。

あいさつのあとには名前をよぼう。

元気かたずねるあいさつ

・ How are you ？

（元気？）

・Fine, thank you. And you?

（元気だよ，ありがとう。きみはどう？）

朝・昼・晩で使い分けるあいさつ

・Good morning.（おはようございます。）

・Good afternoon.（こんにちは。）

・Good evening.（こんばんは。）

別れるときのあいさつ

・Goodbye.（さようなら。）

・Bye. See you.（バイバイ。またね。）

初対面の人とのあいさつ

・I'm Ken.（ケンです。）

・Nice to meet you.（はじめまして。）

・ Nice to meet you, too

（こちらこそ，はじめまして。）

② 先生が授業で使う英語を理解しよう

グッ(ド)　モー　ニング　エヴリ　ワン
Good morning, everyone.
（おはようございます，みなさん。）

・Look at this picture.（この絵を見なさい。）

・Raise your hands.（手を挙げなさい。）

・Open your textbooks.（教科書を開きなさい。）

・Close your textbooks.（教科書を閉じなさい。）

・That's all for today.（今日はここまでです。）

スタンダップ
Stand up.
（立ちなさい。）

スィッ(ト)ダウン
Sit down.
（座りなさい。）

STEP 2 基本問題

別冊解答 P.2

得点　／100点

---

1 次の対話文が成り立つように，□□□に適する語を□から選んで書きなさい。(10点×3)

(1) Hi, Kana.

— ＿＿＿＿＿＿＿ , Meg.

(2) How are you?

— ＿＿＿＿＿＿＿ , thank you.

(3) Goodbye, Jim.

— ＿＿＿＿＿＿＿ you.

Meet
See
Hi
Fine
Look

2 次の日本語の意味を表す英文をア～オから選び，記号で答えなさい。

(1) こんにちは。　　　　　　　　　　[　　　] (10点×4)

(2) 座りなさい。　　　　　　　　　　[　　　]

(3) ジムです。　　　　　　　　　　　[　　　]

(4) ありがとうございます。　　　　　[　　　]

　　ア　Sit down.　　　イ　I'm Jim.　　　ウ　Stand up.

　　エ　Thank you.　　オ　Hello.

3 次の日本文に合うように，□□□に適する語を□から選んで書きなさい。(10点×3)

(1) おはようございます。

＿＿＿＿＿＿＿ morning.

(2) 元気ですか。

＿＿＿＿＿＿＿ are you?

(3) はじめまして。

＿＿＿＿＿＿＿ to meet you.

Nice
Close
How
Good
I'm
Stand

1

(1) Hi. は友だちや親しい人へのあいさつ。

(2) How are you? は相手の調子をたずねる。答えるときは，Fine.「元気です。」などと答える。

2

(1) 「こんにちは。」は Hello. で表す。

(3) 「～です。」と自己紹介するときは I'm ～. で表す。

3

(2) 「元気ですか。」は How are you? で表す。

(3) 「はじめまして。」は Nice to meet you. で表す。

定期テスト予想問題

別冊解答 P.3 ｜ 目標時間 **45**分 ｜ 得点 ／100点

1 次の絵を表す各組の下線部の発音が同じものには○, ちがうものには×を書きなさい。(4点×2)

(1)

$\begin{cases} t\underline{e}nnis \\ \underline{e}lephant \end{cases}$

(2)

$\begin{cases} \underline{a}nt \\ c\underline{a}t \end{cases}$

(1)		(2)	

2 次の英文の意味を表す日本文をア～エから選び, 記号で答えなさい。(5点×4)

(1) Let's read together.　　　ア　今日はここまでです。

(2) Listen to the CD.　　　イ　いっしょに読みましょう。

(3) That's all for today.　　　ウ　CD を聞きなさい。

(4) Repeat after me.　　　エ　私のあとについて繰り返しなさい。

(1)		(2)		(3)		(4)	

3 次の絵に関係の深い色をア～オから選び, 記号で答えなさい。答えは1つとは限りません。同じ色を何度使ってもかまいません。(5点×3)

(1) 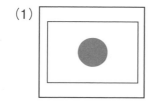　(2) 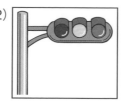　(3)

ア　blue
イ　red
ウ　white
エ　yellow
オ　black

(1)		(2)		(3)	

4 次の絵に合う月の名前を，　□　に適するアルファベットを入れて完成させなさい。(6点×2)

(1) 9月

(2) 7月

(1)	Se　□　te　□　□　er
(2)	J　□　□　y

5 1週間の曜日が正しい順序で並ぶように，_____ に適する語を書きなさい。(6点×2)

Monday — (1)_____ — Wednesday

— Thursday — Friday — (2)_____ — Sunday

(1)		(2)	

6 次の英語が表す数を数字で書きなさい。(5点×3)

(1) twenty-three　(2) eighty-two　(3) fifteen

(1)		(2)		(3)	

7 次のようなとき英語でどのように言いますか。適するものをア～カから選び，記号で答えなさい。(6点×3)

(1) 朝，校門の前でグリーン先生に会ったとき。

(2) 初対面の人に「はじめまして。」とあいさつされたとき。

(3) 友だちに，別れ際に「じゃあ，またね。」と言うとき。

ア　Nice to meet you.　　　　　　イ　Good morning, Mr. Green.

ウ　See you.　　　　　　　　　　エ　Nice to meet you, too.

オ　Good afternoon, Mr. Green.　　カ　Hello, Bob.

(1)		(2)		(3)	

1 I am 〜. / You are 〜. の文

① **意味**:「私［あなた］は〜です。」と説明する文。**I**「私は」や **you**「あなたは」を文の**主語**,「〜です」にあたる **am** や **are** を **be 動詞**という。be 動詞は主語によって使い分ける。

② **文の形**:〈主語 + be 動詞 〜.〉自分のことを言うときは **I am 〜.**「私は〜です。」,相手のことを言うときは **You are 〜.**「あなたは〜です。」で表す。

おぼえる!

主語「〜は」	be 動詞「〜です」
I （私，ぼくなど）	（　am　）
you （あなた，きみなど）	（　are　）

例文　**I　am　Yamada Ken.**（ぼくは山田健です。）
主語　be動詞　　〈名＋姓〉の順で言うこともある。

③ **短縮形**:I am や you are のようにいっしょに使うことが多い語句は,アポストロフィという記号（'）を使って**短縮形**にできる。I am の短縮形は **I'm**,you are の短縮形は **you're**。

2 I am 〜. / You are 〜. の疑問文

① **疑問文**:〈be 動詞 + 主語 〜?〉「…は〜ですか。」とたずねるときは,**be 動詞(am, are)**を**主語の前**に出し,文末にクエスチョンマーク(?)をおく。文末は上げ調子(↗)で読む。

② **答え方**:Yes の場合は〈Yes, 主語 + be 動詞(am, are).〉,No の場合は〈No, 主語 + be 動詞(am, are) + not.〉と言う。Are you 〜?「あなたは〜ですか。」の疑問文に答えるときの主語は I になる。

例文　**Are you** from Australia?（あなたはオーストラリア出身ですか。）
　　　be動詞 主語
　　　—— Yes, I　am.（はい,そうです。）／ No, I　am[I'm] not.（いいえ,ちがいます。）
　　　　　　主語 be動詞　　　　　　　　　　　　　主語 be動詞

3 I am 〜. / You are 〜. の否定文

否定文:〈主語 + be 動詞(am, are) + not 〜.〉「…は〜ではありません。」と打ち消すときは,**be 動詞(am, are)**のあとに **not** をおく。are not は **aren't** と短縮形にできる。

例文　**I am[I'm] not** your teacher.（私はあなたの先生ではありません。）
　　　主語 be動詞

基本問題

テスト 5日前 から確認!

別冊解答 P.3

得点 ／100点

1 (　)内から適する語を選び，○で囲みなさい。(10点×4)

(1) I (am, are) a teacher.

(2) You (am, are) from Sapporo.

(3) Are (I, you) Jiro?

(4) You are (not, no) in Class 2B.

2 次の英文を(　)内の指示に従って書きかえるとき，[　　] に適する語を1つずつ書きなさい。(15点×2)

(1) I am a soccer player. （主語を you にかえて）

[　　] [　　] a soccer player.

(2) You are from Chiba. （疑問文にして No で答える）

[　　] [　　] from Chiba?

── No, I'm [　　].

3 次の日本文に合うように，(　)内の語を並べかえて正しい英文を完成させなさい。ただし，文頭にくる語も小文字にしてあります。

(15点×2)

(1) あなたはクミの友だちですか。(Kumi's / are / you / friend)?

[　　　　　　　　　　　　] ?

(2) 私は九州出身ではありません。(from / not / I'm / Kyushu).

[　　　　　　　　　　　　] .

1
(1)(2) be 動詞は主語によって使い分ける。主語が I のときは am，you のときは are。

2
(2) be 動詞の疑問文は be 動詞を主語の前に出して〈be 動詞＋主語～？〉の語順にする。

3
(2) be 動詞の否定文は be 動詞のあとに not をおく。

STEP
3
得点アップ問題

テスト
3日前
から確認!

別冊解答 P.3

得点

／100点

1 次の日本文に合う英文になるように, ( )内から適する語を選び, 記号で答えなさい。(5点×4)

(1) 私は生徒です。

(ア I　イ You　ウ I'm) a student.

(2) あなたはマイクです。

(ア You　イ I　ウ You're) are Mike.

(3) 私は1年C組です。

I (ア are　イ am) in Class 1C.

(4) あなたはアキですか。── はい, そうです。

(ア Am　イ Are) you Aki? ── Yes, I (ア am　イ are).

(1)		(2)		(3)		(4)		

2 次の英文を ( )内の指示に従って書きかえなさい。(8点×3)

(1) I am a doctor.　(否定文に)

(2) You are from China.　(主語を I にかえて)

(3) You are a baseball player.　(疑問文に)

(1)	
(2)	
(3)	

3 次の英文を日本文にしなさい。(8点×2)

(1) I am your friend.

(2) Are you an English teacher?

(1)	
(2)	

4 be動詞① (am, are) — I am 〜. / You are 〜. —

4 次の由美 (Yumi) とビル (Bill) の対話文を読み, あとの問いに答えなさい。(計22点)

Yumi : Hi, I am Sato Yumi. ①<u>Nice to meet you.</u>
Bill　: Hi, Yumi.　I'm Bill White.　Nice to meet you, too.
Yumi : ②(あなたはアメリカ出身ですか。)
Bill　: [　③　]　I'm from Canada.
Yumi : Are you a soccer *fan?
Bill　: [　④　]
Yumi : I'm a soccer fan, too.
Bill　: Wow!　*I am happy!

(注) fan　(スポーツなどの)愛好家, ファン　　I am happy! うれしいです。

(1) 下線部①の英文を日本文にしなさい。(7点)
(2) ②の(　)内の日本文を英文にしなさい。(7点)
(3) ③④の[　]に適するものをア〜エから選び, 記号で答えなさい。(4点×2)
　ア　Yes, I am.　　イ　No, I'm not.　　ウ　Yes, you are.　　エ　No, you aren't.

(1)				
(2)				
(3)	③		④	

5 自分自身について,（1)名前と(2)出身地を自己紹介する英文を書きなさい。(9点×2)

(1)	
(2)	

定期テスト予想問題

別冊解答 P.4

目標時間 **35**分

得点 ／100点

1 次の (1)〜(3) の日本語と (4) の数字を英語にしなさい。(5点×4)

(1) 火曜日   (2) 10月

(3) 赤色   (4) 8

(1)		(2)	
(3)		(4)	

2 次の対話文が成り立つように，____に適する文をア〜オから選び，記号で答えなさい。(5点×3)

Ms. Smith ： Good morning, Taro.   ア Good evening, Ms. Smith.

Taro ： (1) _____   イ Fine, thank you.

Ms. Smith ： (2) _____   ウ Good morning, Ms. Smith.

Taro ： Fine, thank you. And you?   エ How are you?

Ms. Smith ： (3) _____   オ Goodbye, Ms. Smith.

(1)		(2)		(3)	

3 次の英文を ( ) 内の指示に従って書きかえなさい。(7点×2)

(1) I am a soccer player. （主語をyouにかえて）

(2) You are Ken's brother. （疑問文に）

(1)	
(2)	

4 次の和夫 (Kazuo) と佐藤先生 (Ms. Sato) の対話文を読み，あとの問いに答えなさい。

(計37点)

Kazuo : Hello, I'm Mori Kazuo. Nice to meet you.

Ms. Sato : Nice to meet you, (①), Kazuo. I'm Sato Mari.

Kazuo : ②Are you an *English teacher, Ms. Sato?

Ms. Sato : No, [③]. I'm a *math teacher.

Kazuo : Oh, *I see.

Ms. Sato : Are you in Class 1A?

Kazuo : Yes, [④].

Ms. Sato : I am your *homeroom teacher, too.

Kazuo : Oh, nice!

(注) English 英語の　　math 数学　　I see. わかりました。　　homeroom teacher 担任の先生

(1) ①の (　) に適する1語を書きなさい。(5点)

(2) 下線部②の英文を日本文にしなさい。(7点)

(3) ③④の [　] に適する2語を入れて，答えの文を完成させなさい。(5点×2)

(4) 本文の内容に合っているものには○，そうでないものには×を書きなさい。(5点×3)

ア　佐藤先生は英語の先生である。　　イ　佐藤先生は1年A組の担任である。

ウ　和夫は佐藤先生のクラスである。

(1)	
(2)	
(3)	③　　　　　　　　　　④
(4)	ア　　　　　　イ　　　　　　ウ

5 次は留学生ジム (Jim) の自己紹介の一部です。ジムになったつもりで下線部 (1)(2) の＿＿＿＿に適する1語を書きなさい。(7点×2)

Hello!
I (1)＿＿＿＿＿ Jim White.
I'm (2)＿＿＿＿＿ New York, America.

(1)		(2)	

テスト 1週間前 から確認!

1 This[That] is 〜. の文

① **意味**：「これは[あれは]〜です。」　近くにあるものや離れたところにあるものを説明する。

　　近くにあるものは $\boxed{\text{this}}$ 「これは」，離れたところにあるものは $\boxed{\text{that}}$ 「あれは」で表す。

② **文の形**：〈**This[That] is 〜.**〉　主語が **this** や **that** のとき，be 動詞は **is** を使う。

　　例文 **This is** my bag. （**これは**私のかばんです。）

2 This[That] is 〜. の疑問文と否定文

① **疑問文**：「これ[あれ]は〜ですか。」とたずねるときは，**is** を主語の前に出し〈**Is this[that] 〜?**〉で表す。文末は上げ調子(↗)で読む。

② **答え方**：主語は $\boxed{\text{it}}$ 「**それは**」を使う。〈**Yes, it is.**〉，〈**No, it is not[isn't].**〉で答える。

　　例文 **Is this** your bike? （**これは**あなたの自転車ですか。）

③ **否定文**：「これ[あれ]は〜ではありません。」と打ち消すときは，be 動詞(is)のあとに $\boxed{\text{not}}$ をおき〈**This[That] is not[isn't] 〜.**〉で表す。

　　例文 **This is not[isn't]** my bike. （**これは**私の自転車ではありません。）

3 What is 〜? の文

① **意味**：「〜は何ですか。」　わからないものについて「何」とたずねる表現。

② **文の形**：〈**What is[What's] ＋主語〜?**〉**what** 「何」を文の最初におき，〈**be 動詞(is)＋主語**〉を続ける。文末は下げ調子(↘)で読む。

③ **答え方**：Yes, No ではなく，「**何**」なのかを具体的に答える。主語は **it** を使う。

　　例文 **What is[What's] this**? （**これは何ですか。**）── **It is[It's]** a desk. （**それはつくえです。**）

4 a と an

① **意味**：「1つの，1人の」　ふつう日本語には訳さない。

② **使い方**：数えられる名詞の前におく。母音(ア，イ，ウ，エ，オに近い音)で始まる語の前では $\boxed{\text{an}}$ を使う。**例** **a** book （(1冊の)本）　　**an** orange （(1個の)オレンジ）

5 形容詞

① **あとにくる名詞を説明する**：〈**形容詞＋名詞**〉の語順で，あとにくる名詞を説明する。

　　例文 This is a **big dog**. （これは**大きい犬**です。）
　　　　　　　　　　　　形容詞 名詞

② **主語を説明する**：〈**主語＋ be 動詞＋形容詞**〉の形で，主語の性質や状態を説明する。

　　例文 **This dog is big**. （この犬は**大きい**です。）
　　　　　　主語　be動詞 形容詞

STEP
2

基本問題

テスト 5日前 から確認!

別冊解答 P.5

得点

／100点

5
be動詞②（is）
—This[That] is 〜. —

1 （　）内から適する語を選び，○で囲みなさい。（10点×4）

(1) This (am, are, is) my desk.

(2) That's (a, an) apple.

(3) Is this your notebook? — Yes, (this, that, it) is.

(4) (This, That, What) is this? — It's a koala.

2 次の英文を（　）内の指示に従って書きかえるとき，□□□ に適する語を1つずつ書きなさい。（15点×2）

(1) This is our school. （否定文に）

This ＿＿＿＿＿ our school.

(2) That is Tom's pen. （疑問文にして Yes で答える）

＿＿＿＿＿　＿＿＿＿＿ Tom's pen?

— Yes, it ＿＿＿＿＿ .

3 次の日本文に合うように，（　）内の語を並べかえて正しい英文を完成させなさい。ただし，文頭にくる語も小文字にしてあります。

（15点×2）

(1) これは新しい家です。　(house / this / new / a / is).

＿＿＿＿＿＿＿＿＿＿＿＿＿＿●

(2) あれは何ですか。　(that / is / what)?

＿＿＿＿＿＿＿＿＿＿＿＿＿？

1
(1)主語が This のとき，be 動詞は is を使う。
(2)母音で始まる名詞の前では an を使う。

2
(1)空欄の数に合わせて短縮形を使う。
(2)be 動詞（is）の疑問文は is を主語の前に出す。

3
(1)〈形容詞＋名詞〉で，形容詞があとの名詞を説明する。
(2)「〜は何ですか。」とたずねる文は〈What＋be 動詞（is）＋主語〜？〉。

1 次の日本文に合う英文になるように，＿＿＿＿に適する語を1つずつ書きなさい。(6点×3)

(1) あれはあなたの学校ですか。―― はい，そうです。

＿＿＿＿＿＿ ＿＿＿＿＿＿ your school? ―― Yes, ＿＿＿＿＿＿ ＿＿＿＿＿＿.

(2) これは何ですか。―― それはうさぎです。

＿＿＿＿＿＿ ＿＿＿＿＿＿ this? ―― ＿＿＿＿＿＿ a rabbit.

(3) あれは鳥ではありません。

＿＿＿＿＿＿ ＿＿＿＿＿＿ ＿＿＿＿＿＿ a bird.

(1)				
(2)				
(3)				

2 次の英文を（ ）内の指示に従って書きかえなさい。(8点×3)

(1) That is my notebook.　（下線部を短縮形にして）

(2) This is a banana.　（下線部を apple にかえて）

(3) That is a bike.　（適する位置に new を入れて）

(1)	
(2)	
(3)	

3 次の慎 (Shin)とジェーン (Jane)の対話文を読み，あとの問いに答えなさい。(計40点)

Shin : Is this your racket, Jane?
Jane : [　　①　　]　It's my new racket.
Shin : Are you (　②　) tennis player?
Jane : Yes, I am.　I am a good tennis player.
Shin : Great!　③Is that your racket, too?
Jane : [　　④　　]　It's *my father's racket.
Shin : It's big!
Jane : Yes.　It's (　⑤　) old racket, too.

(注) my father's　私の父の

5
be動詞② (is)
This[That] is ~. ―

(1) ①④の [　　] に適する答えを，それぞれ3語の英文で書きなさい。(6点×2)
(2) ②⑤の (　) 内に，a か an のどちらか適するほうを書きなさい。(4点×2)
(3) 下線部③の英文を日本文にしなさい。(8点)
(4) 本文の内容に合っているものには○，そうでないものには×を書きなさい。(4点×3)
　　ア　ジェーンはテニスが上手だ。　　イ　ジェーンのラケットは大きい。
　　ウ　ジェーンのお父さんのラケットは古い。

(1)	①	
	④	
(2)	②	⑤
(3)		
(4)	ア　　　　　イ　　　　　ウ	

4 次のようなとき英語でどのように言いますか。英文で書きなさい。(9点×2)
(1) 自分のそばにあるギターを指して，自分のギターだと言うとき。
(2) 離れたところにあるものを指して，それが何かたずねるとき。

(1)	
(2)	

25

6 be動詞③ (is)
— He[She] is 〜. —

要点チェック

1 人を紹介する文

① This[That] is 〜. の文：「こちら[あちら]は〜です。」と人を紹介するときに使う。

> **例文** **This is** Yumi.（こちらはユミです。）
> 主語　be動詞
>
> this は近くにいる人，
> that は離れたところにいる人を指す。

② He[She] is 〜. の文：すでに話題にのぼっている1人の人物について言うとき，男性の場合は[he]「彼は」，女性の場合は[she]「彼女は」を使う。主語が he や she のとき，be動詞は is を使う。「彼[彼女]は〜です。」は〈He[She] is 〜.〉で表す。

> **例文** That is Yumi. **She is** my sister.（あちらはユミです。彼女は私の姉[妹]です。）
> 女性　→　主語　be動詞

③ be動詞の使い分け：this, that, it, he, she のほか，1つのもの[1人の人]を表す名詞が主語のときも be動詞は is を使う。

2 He[She] is 〜. の疑問文と否定文

① 疑問文と答え方：「彼[彼女]は〜ですか。」とたずねるときは，is を主語の前に出し〈Is he[she] 〜?〉で表す。文末は上げ調子（↗）で読む。答えるときは，Yes の場合は〈Yes, he[she] is.〉，No の場合は〈No, he[she] is not[isn't].〉と言う。

> **例文** **Is he** your brother?（彼はあなたのお兄さん[弟さん]ですか。）
> be動詞　主語
>
> —— Yes, **he is**.（はい，そうです。）／ No, **he is not[isn't]**.（いいえ，ちがいます。）

② 否定文：「彼[彼女]は〜ではありません。」と打ち消すときは，be動詞(is)のあとに not をおき，〈He[She] is not[isn't] 〜.〉で表す。

> **例文** **He is not[isn't]** my brother.（彼は私の兄[弟]ではありません。）
> 主語 be動詞

3 Who is 〜? の文

① 意味：〈Who is +主語 〜?〉「〜はだれですか。」とたずねる表現。

② 文の形：[who]「だれ」を文の最初におき，〈be動詞(is)+主語 〜?〉の疑問文を続ける。文末は下げ調子（↘）で読む。

③ 答え方：Yes, No ではなく，「だれ」なのか(名前や自分との関係など)を具体的に答える。主語は，質問の文の主語が男性なら he，女性なら she で受ける。

> **例文** **Who is** Yumi?（ユミとはだれですか。）
> 「だれ」be動詞　主語
>
> who is は who's と短縮できる。
>
> —— **She is** my sister.（彼女は私の姉[妹]です。）
> 女性

別冊解答 P.6

得点 ／100点

⑥ be動詞③ He[She] is ～. —

1 ( )内から適する語を選び，○で囲みなさい。(10点×3)

(1) This is Ms. Sato. (He, She) is my teacher.

(2) That is my brother. He (am, are, is) a tennis player.

(3) Who is that boy? ―(He's, She's) Takashi.

2 次の英文の _____ に適する語を〔 〕内から選んで書きなさい。ただし，文頭にくる語も小文字にしてあります。同じものは一度しか使えません。(15点×2)

(1) That is my father. _____ a baseball fan.

(2) Is _____ your sister?

　　　― No, she _____ .

〔 she　she's　he's　is　isn't 〕

3 次の日本文に合うように，( )内の語を並べかえて正しい英文を完成させなさい。ただし，文頭にくる語も小文字にしてあります。

(20点×2)

(1) 彼はあなたの新しい友だちですか。

(friend / your / he / new / is)?

_____ ?

(2) こちらの女性はだれですか。

(this / who / is / woman)?

_____ ?

1
(1)女性を表す Ms. があるので主語は女性。
(3)質問の文の主語 that boy を受ける主語を選ぶ。

2
(1)my father は男性。空欄の数に合わせて短縮形を使う。

3
(2)「だれですか。」とたずねる文は〈Who + be動詞＋主語～？〉の形。

別冊解答 P.6

テスト **3日前** から確認!

得点 ／100点

---

1 次の対話文が成り立つように，_____に適する語を1つずつ書きなさい。（6点×4）

(1) Is Ken a soccer fan? — Yes, _____ _____ .

(2) Who is this girl? — _____ is my sister.

(3) _____ Ms. Suzuki from Sapporo?
  — No, _____ isn't. _____ from Hakodate.

(4) Is this your father? — No, _____ _____ my father.

(1)		
(2)		
(3)		
(4)		

2 次の英文を（　）内の指示に従って書きかえなさい。（8点×3）

(1) He's a baseball player. （疑問文に）

(2) She is from Australia. （否定文に）

(3) That boy is <u>Bob's brother</u>. （下線部をたずねる文に）

(1)	
(2)	
(3)	

3 次の香奈 (Kana)とマーク (Mark)の対話文を読み，あとの問いに答えなさい。(計38点)

Kana : This is *a picture of my family. This is my sister, Eri.
Mark : Is she a junior high school student?
Kana : [　①　] She is a high school student.
Mark : Is she your mother?
Kana : Yes, she is. She is a math teacher.
Mark : ②Is your father a teacher, too?
Kana : [　③　] He is an English teacher.
Mark : Who is this woman?
Kana : She's my *grandmother.　　　(注) a picture of ～　～の写真　　grandmother　祖母

(1) ①③の □ に適するものをア～エから選び，記号で答えなさい。(5点×2)

　　ア　Yes, he is.　　イ　No, he isn't.　　ウ　Yes, she is.　　エ　No, she isn't.

(2) 下線部②の英文を日本文にしなさい。(7点)

(3) 本文の内容について，次の問いに英語で答えなさい。(8点×2)

　　(a)　Is Kana's mother an English teacher?　　(b)　Who is Eri?

(4) 本文の内容に合うものを１つ選び，記号で答えなさい。(5点)

　　ア　香奈と絵里(Eri)は中学生である。　　イ　香奈の父親は英語の先生である。
　　ウ　香奈は４人家族である。

(1)	①		③	
(2)				
(3)	(a)			
	(b)			
(4)				

4 次のようなとき英語でどのように言いますか。(　)内の語を使って英文で書きなさい。

(7点×2)

(1) 相手に，あなたのお姉さんはテニスが好きかとたずねるとき。　　(fan)

よくでる

(2) 遠くを歩いている男性を指して，相手にそれがだれかをたずねるとき。　　(man)

(1)	
(2)	

29

定期テスト予想問題

別冊解答 P.7

目標時間 **45**分

得点 ／100点

1 （　）内から適する語を選んで書きなさい。(5点×3)

(1) Hello, Ken. （ This，It) is my sister, Emi.

入試に出る!

(2) （ Is，Are) this question easy?　　**(沖縄県・改)**

(3) Who is Mr. Sato? —— (Who's，He's，She's) Kenta's father.

(1)		(2)		(3)	

2 次の対話文が成り立つように，_____ に適する語を1つずつ書きなさい。(7点×3)

(1) Is this your bike? —— Yes, _____ _____.

(2) Is that woman your mother? —— No, _____ _____.

(3) What _____ this? —— _____ a notebook.

(1)		
(2)		
(3)		

3 不足する1語を補って，次の日本文に合うように，（　）内の語を並べかえて正しい英文を完成させなさい。ただし，文頭にくる語も小文字にしてあります。(8点×2)

(1) あちらは私たちの数学の先生です。　(teacher / math / our / is).

(2) 私の母は北海道出身ではありません。　(Hokkaido / not / mother / my / is).

(1)	●
(2)	●

❹ 誠 (Makoto) が直子 (Naoko) に友人のボブ (Bob) を紹介しています。次の対話文を読み，あとの問いに答えなさい。(計28点)

> Makoto : Naoko, this is Bob. (　①　) is my friend.
> 　　　　　 Bob, this is Naoko. She's my friend, too.
> Bob 　　: Hi, Naoko. Nice to meet you.
> Naoko 　: Nice to meet you, too. ②Are you from America?
> Bob 　　: 　　③　　 I'm from Canada.
> 　　　　　 I'm a *sumo* fan. That is an *interesting *sport.
> Naoko 　: Yes, it is. Who is your *favorite *sumo* wrestler?
> Bob 　　: Harunoyama is my favorite.
> Naoko 　: He is a good *sumo* wrestler. My father is a fan of Harunoyama, too.

(注) interesting おもしろい　sport スポーツ　favorite お気に入り（の）　*sumo* wrestler 力士

(1) ①の ( ) に適する1語を書きなさい。(5点)

(2) 下線部②の英文を日本文にしなさい。(7点)

(3) ③の □ に適するものをア〜エから選び，記号で答えなさい。(4点)
　ア　Yes, I am.　　イ　No, I'm not.　　ウ　Yes, you are.　　エ　No, you aren't.

(4) 本文の内容に合っているものには○，そうでないものには×を書きなさい。(4点×3)
　ア　誠と直子は初対面である。　　イ　ボブは相撲を知らない。
　ウ　直子のお父さんはボブと同じ力士が好きだ。

(1)	
(2)	

(3)		(4)	ア		イ		ウ	

よくでる ❺ 新しく来たALTの先生にクラスの友だちを紹介します。カードを見て隆 (Takashi) さんを紹介する文を2つ，あたえられた書き出しに続けて英語で書きなさい。(10点×2)

> 隆さんの紹介カード
> 　出身地：徳島　　　　サッカーの選手である。

> This is my friend Takashi.
>
>

STEP 1 要点チェック

テスト1週間前から確認!

1 一般動詞の文

① **意味**:「…は（−を）～する。」　一般動詞とは，主語の**動作や状態**を説明する，be 動詞以外の動詞。

② **文の形**:〈**主語＋一般動詞（＋目的語**）〉主語のあとに play や have などの一般動詞をおく。

> 例文　You ｜ play ｜ tennis.（あなたは**テニスをします**。）　「～をする」という動作を表す。
> 　　　主語　　一般動詞　　目的語————　あとに「−を」にあたる目的語をとる動詞もある。

2 一般動詞の疑問文と否定文

① **疑問文**:「…は～しますか。」とたずねるときは，**主語の前に** ｜ do ｜ をおき〈**Do＋主語＋一般動詞（＋目的語）?**〉で表す。文末は上げ調子（↗）で読む。

② **答え方**:答えるときも do を使い，Yes の場合は〈**Yes, 主語＋do.**〉，No の場合は〈**No, 主語＋do not[don't].**〉と言う。

> 例文　**Do you** like music?（あなたは音楽が好きですか。）
> 　　　　　主語 一般動詞 目的語
> —— Yes, **I do.**（はい，好きです。）
> 　／ No, **I do not[don't].**（いいえ，好きではありません。）
> 　　　　　　do not の短縮形。会話ではふつう短縮形を使う。

③ **否定文**:「…は～しません。」と打ち消すときは，**動詞の前に** ｜ do not ｜ ［｜ don't ｜］をおき〈**主語＋do not[don't]＋一般動詞（＋目的語**).〉で表す。

> 例文　**I do not[don't]** like math.（私は数学が好きではありません。）
> 　　　主語　　　　　　　　　一般動詞 目的語

3 What do you ～?の文

① **意味**:「あなたは何を～しますか。」「何を～」とたずねる疑問文。

② **文の形**:〈**What do you ～?**〉　｜ what ｜「何」を文の最初におき，〈do you ～?〉の疑問文を続ける。文末は下げ調子（↘）で読む。

③ **答え方**:Yes, No ではなく，**「何を」と聞かれたことを具体的に答える**。

> 例文　**What** do you study?（あなたは何を勉強しますか。）
> 　　　　—— I study **math.**（私は数学を勉強します。）

④ 〈**What＋名詞**〉でたずねる文:「何の…を～しますか。」と**範囲を限定**してたずねるときは〈**What ＋名詞**〉を文の最初におき，〈do you ～?〉の疑問文を続ける。

> 例文　｜ What sport ｜ do you play?（あなたは何のスポーツをしますか。）
> 　　　〈What ＋名詞〉
> 　　　—— I often play **soccer.**（私はよくサッカーをします。）

1 次の英文を日本文にしなさい。(10点×2)

(1) I like music.

私は（　　　　　　　　　　　　　　　　　　）。

(2) You speak Japanese.

あなたは（　　　　　　　　　　　　　　　　　　）。

2 次の英文を（　）内の指示に従って書きかえるとき，＿＿に適する語を1つずつ書きなさい。(10点×2)

(1) I know Tom. （否定文に）

I ＿＿＿＿＿＿ ＿＿＿＿＿＿ Tom.

(2) You watch TV every day. （疑問文にして Yes で答える）

＿＿＿＿＿＿ you ＿＿＿＿＿＿ TV every day?

―― Yes, I ＿＿＿＿＿＿.

3 次の日本文に合うように，（　）内の語を並べかえて正しい英文を完成させなさい。ただし，文頭にくる語も小文字にしてあります。

(20点×3)

(1) 私は数学を熱心に勉強します。 (hard / study / I / math).

＿＿＿＿＿＿＿＿＿＿＿＿＿＿＿＿＿＿.

(2) 私はこのペンを使いません。 (use / pen / not / do / I / this).

＿＿＿＿＿＿＿＿＿＿＿＿＿＿＿＿＿＿.

(3) あなたは何の本を読みますか。
(book / read / you / do / what)?

＿＿＿＿＿＿＿＿＿＿＿＿＿＿＿＿＿＿?

1
〈主語＋一般動詞（＋目的語）.〉は「…は（―を）～する。」の意味。

2
(2) 一般動詞の疑問文は〈Do＋主語＋一般動詞（＋目的語）？〉の語順。

3
(2) 一般動詞の否定文は〈主語＋ do not ＋一般動詞（＋目的語）.〉の語順。
(3) 「何の…を～しますか。」とたずねるときは，〈What ＋名詞〉を文の最初におく。

得点アップ問題

1 次の日本文に合う英文になるように，_____に適する語を1つずつ書きなさい。(7点×3)

(1) 私は毎週日曜日に泳ぎます。

_____ _____ every Sunday.

(2) 私はピアノをひきません。

_____ _____ _____ the piano.

(3) あなたはふつう7時に起きますか。── はい，起きます。

_____ you _____ get up at seven? ── Yes, I _____.

(1)			
(2)			
(3)			

2 次の日本文に合うように，（　）内の語句を並べかえて正しい英文を完成させなさい。ただし，文頭にくる語も小文字にしてあります。(8点×4)

(1) 私は新しい車がほしいです。

(want / I / new / a / car).

(2) あなたは毎日自分の部屋を掃除しますか。

(every day / your room / you / clean / do)?

(3) 私は英語を上手に話しません。

(don't / well / English / I / speak).

(4) あなたは何色が好きですか。

(you / do / color / like / what)?

(1)		.
(2)		?
(3)		.
(4)		?

3 次の陽子 (Yoko) とデイヴィッド (David) の対話文を読み，あとの問いに答えなさい。

(計 29 点)

Yoko : Good morning, David.

David : Good morning, Yoko.

Yoko : This is my dog, Shiro.

　　　　①(park / come / sometimes / I / this / to) with Shiro.

　　　　Do you often come here?

David : ②[　　　] I live near here. I like this park very much.

　　　　I run here every morning.

Yoko : That's good. You run very fast.

David : I have a dog, too. I come here with my dog in the evening.

　　　　Also, I have a cat. ③How about you?

Yoko : I don't have a cat.

(1) 下線部①が意味の通る英文になるように，（　）内の語を並べかえなさい。(6 点)

(2) ②の [　　] に適するものをア〜エから選び，記号で答えなさい。(4 点)

　　ア　Yes, I am.　　イ　No, I'm not.　　ウ　Yes, I do.　　エ　No, I don't.

難 (3) 下線部③の「あなたはどうですか。」の具体的な内容を次の形で表すとき，（　）に適する
語を１つずつ書きなさい。(7 点)

　　（　　　　　）（　　　　　）（　　　　　）a cat?

(4) 本文の内容に合っているものには○，そうでないものには×を書きなさい。(4 点× 3)

　　ア　陽子は犬を飼っているが，ネコは飼っていない。

　　イ　デイヴィッドは毎朝犬と公園に来る。

　　ウ　陽子とデイヴィッドは毎日公園で会う。

(1)		with Shiro.
(2)		
(3)		
(4) ア	イ	ウ

4 次の質問に，自分自身の場合について英語で答えなさい。(9 点× 2)

(1) Do you often use a computer at home?

よく でる (2) What subject do you like?

(1)	
(2)	

8 名詞・代名詞の複数形

1 名詞の複数形

① **意味と形**：2つ[2人]以上の数えられるものや人は，名詞の語尾に **s, es** をつけて**複数形**で表す。
1つ[1人]を表すもとの形は**単数形**という。数えられない名詞は複数形にしない。

② **複数形の作り方**

原則：語尾に **s** をつける。**例**　pen → `pens`，book → ①

語尾が **s, sh, ch, x, o** の語：**es** をつける。**例**　bus → `buses`，box → ②

語尾が〈**子音字 + y**〉の語：**y** を **i** にかえて **es** をつける。**例**　country → `countries`
└ a, i, u, e, o 以外の文字

語尾が **f, fe** の語：**f, fe** を **v** にかえて **es** をつける。　**例**　leaf「葉」→ lea**ves**

不規則に変化する語：**例**　m**a**n → m**e**n，wom**a**n → wom**e**n，child → child**ren**

2 some と any

① **意味**：「いくつかの」具体的な数ではなく，ばく然とした数を表す。

② **使い方**：ふつう **some** は**肯定文**で，**any** は**疑問文・否定文**で主に名詞の複数形とともに使う。
any は**否定文**で「1つも[1人も](〜ない)」の意味になる。

例文　疑問文　Do you have **any** pens?　（あなたはペンを(何本か)持っていますか。）

例文　否定文　I do **not** have **any** pens.　（私はペンを(1本も)持って**いません**。）

3 数をたずねる文

「いくつの〜」と数をたずねるときは，〈**How many + 名詞の複数形 + 疑問文 ?**〉で表す。文
末は下げ調子(ゝ)で読む。Yes, No ではなく，**具体的な数**を答える。

例文　**How many** pens do you have?（あなたは**何本のペン**を持っていますか。）

4 代名詞の複数形

① 人を表す代名詞の複数形 おぼえる!

人 ＼ 数		単数	複数
自分		I （私は）	**we** （私たちは）
相手		you （あなたは）	**you** （あなたたちは）
自分と相手以外	男性	he （彼は）	**they** （彼らは，彼女らは，それらは）
	女性	she （彼女は）	
	もの	it （それは）	

② this「これ，この」と that「あれ，あの」の複数形

this → **these**「これら，これらの」　　that → **those**「あれら，あれらの」

別冊解答 P.9

得点

／100点

---

1 （　）内から適する語を選び，○で囲みなさい。(10点×4)

(1) I eat two (egg, eggs) every morning.

(2) They (am, is, are) my (sister, sisters).

(3) (How, What) many (cup, cups) do you want?

(4) Do you have (some, any) notebooks?

　　── Yes, I have (some, any).

2 次の英文の（　）内の語を適する形に直しなさい。(5点×3)

(1) (This) books are interesting.　　＿＿＿＿＿＿

(2) Yoko and I (be) from Osaka.　　＿＿＿＿＿＿

(3) I know some (city) in China.　　＿＿＿＿＿＿

3 次の日本文に合う英文になるように，＿＿に適する語を1つずつ書きなさい。(9点×5)

(1) 彼女たちは英語の教師です。

　　＿＿＿＿＿＿ ＿＿＿＿＿＿ English teachers.

(2) タロウとジロウは私の友だちです。

　　Taro and Jiro ＿＿＿＿＿＿ my ＿＿＿＿＿＿.

(3) 私は家でペットを1匹も飼っていません。

　　I ＿＿＿＿＿＿ have ＿＿＿＿＿＿ pets at home.

(4) ① あなたたちはテニスをしますか。── ② はい，します。

　　① ＿＿＿＿＿＿ ＿＿＿＿＿＿ play tennis?

　　② ── Yes, ＿＿＿＿＿＿ ＿＿＿＿＿＿.

1
(1)数えられる名詞が2つ以上のときは複数形で表す。
(3)数をたずねるときは〈How many ＋名詞の複数形〉で文を始める。

2
(2)主語が複数のときのbe 動詞は are。

3
(3)「1つの…も〜ない」は not 〜 any … で表す。

8 名詞・代名詞の複数形

STEP 3 得点アップ問題

1 次の英文を（　）内の指示に従って書きかえなさい。(7点×4)

(1) <u>Tom and Mike</u> are soccer fans.（下線部を代名詞にかえて）

(2) <u>That</u> is my racket.（下線部を複数形にして）

(3) I know some English songs.（否定文に）

よく でる (4) We have <u>four</u> classes in the morning.（主語を you にして下線部をたずねる文に）

(1)	
(2)	
(3)	
(4)	

2 次の対話文が成り立つように，＿＿＿に適する語を1つずつ書きなさい。(6点×4)

(1) Are these your notebooks? — Yes, ＿＿＿ ＿＿＿.

(2) Do you have any cats? — No. I ＿＿＿ have ＿＿＿.

(3) Are your parents from Hokkaido? — No, ＿＿＿ ＿＿＿.

(4) Are you baseball players?
　　— No, ＿＿＿ ＿＿＿ not. We are basketball players.

(1)		
(2)		
(3)		
(4)		

3 恭子 (Kyoko)とアンナ (Anna)が，メイリン (Meiling)とチェンミン (Chenming)の写真を見ながら話しています。次の対話文を読み，あとの問いに答えなさい。(計32点)

Kyoko : These are Meiling and Chenming, from China.
Anna　 : ①(彼女たちはあなたの友だちですか。)
Kyoko : Yes.　They are new members of our dance club.
Anna　 : Do they dance well?
Kyoko : Yes.　②They dance very well.
　　　　　We learn Chinese dance *from them.
Anna　 : That's nice.　Do you speak Chinese?
Kyoko : No, I don't.　We use Japanese.　They usually speak Chinese.　They
　　　　　speak Japanese and English well, too.
Anna　 : Great!

(注) from them　彼女たちから

(1) ①の（　）内の日本文を英文にしなさい。(7点)

難 (2) 下線部②と同じ意味になるように，次の英文の（　）に適する1語を書きなさい。(6点)

They are very （　　　　） *dancers.　　(注) dancer(s)　踊り手，ダンサー

(3) 次の問いに4語の英文で答えなさい。(7点)

How many languages do Meiling and Chenming speak?

(4) 本文の内容に合っているものには○，そうでないものには×を書きなさい。(4点×3)

ア　メイリンとチェンミンはダンス部の新入部員である。
イ　恭子はメイリンとチェンミンから中国語を習っている。
ウ　恭子は中国語を話す。

(1)	
(2)	
(3)	
(4) ア		イ		ウ	

4 次のようなとき英語でどのように言いますか。（　）内の語を使って英文で書きなさい。

(8点×2)

(1) 相手に，関西に友人がいるかとたずねるとき。　（ any, Kansai ）

よくでる (2) 相手に，兄弟や姉妹が何人いるかとたずねるとき。　（ brothers, sisters ）

(1)	
(2)	

テスト
1週間前
から確認!

1 代名詞の目的格

① **代名詞**：すでに話題にのぼっている人やものについて言うとき，同じ名詞の繰り返しを避けて使う he，them，it などの語を**代名詞**（または人称代名詞）という。

② **目的格**：代名詞が動詞や前置詞の目的語になって「～を［に］」という意味を持つとき，**目的格**という形に変化する。

数 \ 格 \ 人称	単数			複数		
	主格 （～は）	所有格 （～の）	目的格 （～を［に］）	主格 （～は）	所有格 （～の）	目的格 （～を［に］）
1人称	I	my	(me)	we	our	(us)
2人称	you	your	**you**	you	your	**you**
3人称	he	his	(him)	they	their	(them)
	she	her	(her)			
	it	its	**it**			

例文　This is Mike. I **help him**.　（こちらは**マイク**です。私は**彼を手伝います**。）
　　　　　　　　　動詞　目的格　　him は Mike を指す。

2 Whose ～? の文

① **意味**：「だれの…［だれのもの］ですか。」と所有者をたずねる疑問文。

② **文の形**：〈Whose（＋名詞）～?〉　whose（＋名詞）「だれの（＋名詞）」を文の最初におき，疑問文を続ける。文末は下げ調子（↘）で読む。答えるときは，〈所有格＋名詞〉で「～の…」と言うか，1語で「～のもの」と，**だれのものかを具体的に言う**。

例文　| Whose book | is this?　（これはだれの本ですか。）
　　　　〈Whose＋名詞〉

　　　　　　　　　　　　　　　—— It's **my book**.（それは私の本です。）
　　　　　　　　　　　　　　　　　　　〈所有格＋名詞〉

3 所有代名詞

意味：「～のもの」と持ち主を表す代名詞。1語で〈所有格＋名詞〉のはたらきをする。

数	単数	複数
1人称	**mine**（私のもの）	**ours**（私たちのもの）
2人称	**yours**（あなたのもの）	**yours**（あなたたちのもの）
3人称	**his**（彼のもの）	**theirs** （彼らのもの，彼女たちのもの）
	hers（彼女のもの）	

STEP
2
基本問題

テスト
5日前
から確認!

別冊解答 P.10

得点

／100点

1 （ ）内から適する語を選び，○で囲みなさい。(10点× 4)

(1) That is Shingo. Do you see （ he，him，his ）？

(2) I have a sister. （ She，Her，Hers ）name is Yuka.

(3) This is Ms. Mori. She is （ our，us，ours ）teacher.

(4) I have two dogs.
I often go to the park with （ they，them，their ）.

1
(1)動詞のあとの代名詞は
目的格にする。
(4)前置詞のあとの代名詞
は目的格にする。

2 次の各組の英文がほぼ同じ内容を表すように，＿に適する語を1つ
ずつ書きなさい。(10点× 3)

(1) {
This is my computer.

This computer is ＿＿＿＿＿.
}

(2) {
That is Ken's bike.

That bike is ＿＿＿＿＿.
}

(3) {
These are their CDs.

These CDs are ＿＿＿＿＿.
}

2
(1)my computer を 1 語
で表す。
(3)「彼らのもの」という
意味の所有代名詞にする。

3 次の日本文に合う英文になるように，＿に適する語を1つずつ書き
なさい。(15点× 2)

(1) これはだれのケーキですか。── それはあなたのものです。

＿＿＿＿＿ cake is this? ── It's ＿＿＿＿＿.

(2) このプレゼントはあなたへのものです。あなたはそれが好きです
か。
This present is for ＿＿＿＿＿.

Do you like ＿＿＿＿＿?

3
(1)「だれの～」と所有者
をたずねる文は Whose
で始める。

1 次の（ ）内の代名詞を適する形に直しなさい。直す必要がなければそのまま書きなさい。

(5点×4)

(1) You teach English to (we).

(2) That's their ball. Is this (they), too?

(3) (You) pictures are very beautiful.

(4) Japan is a beautiful country. I like (it) very much.

(1)		(2)	
(3)		(4)	

2 次の対話文が成り立つように，＿＿＿＿に適する語を1つずつ書きなさい。(5点×4)

よく でる (1) ＿＿＿＿＿ car is this? ── It's my father's.

(2) Do you know those girls?

　── Yes, I know ＿＿＿＿. ＿＿＿＿ are Yuki and Mai.

よく でる (3) Is this my cup? ── No. It's not ＿＿＿＿.

(4) Is this your dog? ── Yes, it is. ＿＿＿＿ name is Leo.

(1)		(2)	
(3)		(4)	

3 次の英文を日本文にしなさい。(7点×2)

(1) Those computers are ours.

(2) You help me.

(1)	
(2)	

4 ジョン (John) と恵 (Megumi) が CD を聞きながら話しています。次の対話文を読み，あとの問いに答えなさい。(計 30 点)

John　　: Wow, a beautiful song!　①Whose song is this?
Megumi : It's Michika's.　Do you know ②(she)?
John　　: No, I don't.　But I love this song.
Megumi : ③(She) is my favorite singer.
　　　　　 Do you know the song "Our Dream"?
John　　: Oh, yes, I know it.　It's very *famous.
Megumi : It's her song, too.
John　　: Oh, I see.
Megumi : I have *another CD here.　It's ④(she), too.
　　　　　 Let's listen to it.
John　　: Sure.
(注) famous　有名な　　another　別の，もう1つの

(1) 下線部①の英文を日本文にしなさい。(6 点)

(2) ②〜④の（　）内の語を適する形に直しなさい。直す必要のないものはそのまま書きなさい。

(4点×3)

(3) 本文の内容に合っているものには○，そうでないものには×を書きなさい。(4点×3)
　ア　ジョンはミチカ (Michika) の歌を初めて聞いた。
　イ　恵はミチカのファンである。
　ウ　ジョンと恵はこれから『Our Dream』を聞く。

(1)					
(2)	②		③		④
(3)	ア		イ		ウ

5 次のようなとき英語でどのように言いますか。英文で書きなさい。(8点×2)

(1) 離れたところにある車を指して，それがだれのものかとたずねるとき。

(2) 目の前にある机が啓子 (Keiko) のものかとたずねるとき。

(1)	
(2)	

定期テスト予想問題

別冊解答 P.11

目標時間 **45**分

得点 ／100点

❶ 次の英文を（　）内の指示に従って書きかえなさい。（7点×5）

(1) You have some CDs in your bag. （疑問文に）

(2) I need <u>three</u> eggs. （主語をyouにかえて，下線部が答えの中心となる疑問文に）

(3) They cook dinner for <u>Tom and I</u>. （下線部を代名詞にかえて）

(4) <u>This</u> is a big country. （下線部をTheseにかえて）

(5) I go to school with <u>Ken</u>. （下線部を代名詞にかえて）

(1)	
(2)	
(3)	
(4)	
(5)	

❷ 次の日本文に合う英文になるように，_____に適する語を1つずつ書きなさい。（4点×4）

(1) これはだれのギターですか。

_____ _____ is this?

(2) 〔(1)に答えて〕それは私のものです。

It is _____.

(3) あなたはどんなスポーツが好きですか。

_____ _____ do you like?

(4) 私は1本も鉛筆を持っていません。

I _____ have _____ pencils.

(1)		
(2)		
(3)		
(4)		

❸ 次の浩二 (Koji) とナンシー (Nancy) の対話文を読み，あとの問いに答えなさい。(計33点)

Koji : Do you like Japan, Nancy?

Nancy : Yes, I do. I like *Japanese gardens. <u>They</u> are beautiful.
① <u>I sometimes visit Japanese gardens with my family.</u>
②

Koji : Oh, really?

Nancy : Yes. In *spring we （ ③ ） *hanami* there.

Koji : I like *hanami*, too.

Nancy : And in *fall we see beautiful yellow and red trees.
I often （ ④ ） pictures.

Koji : Do you have ⑤（ they ） now?

Nancy : Yes, I do. Here you are.

Koji : They're beautiful!

(注) Japanese garden 日本庭園　spring 春　fall 秋

(1) 下線部①が指すものを文中の英語2語で書きなさい。(4点)

(2) 下線部②の英文を日本文にしなさい。(7点)

(3) ③④の（　）に適する語をア～ウから選び，記号で答えなさい。(4点×2)
　　ア　go　イ　take　ウ　enjoy

(4) ⑤の（　）内の語を適する形に直しなさい。(4点)

(5) 本文の内容に合うように，次の（　）に適する日本語を書きなさい。(5点×2)
　　(a) ナンシーは春に日本庭園で（　　　）をする。
　　(b) 浩二はナンシーに（　　　）を見せてもらった。

(1)				
(2)				
(3)	③		④	
(4)				
(5)	(a)			
	(b)			

❹ 次のようなとき英語でどのように言いますか。（　）内の語を使って英文で書きなさい。(8点×2)

難 (1) あれらの箱は私たちのものです。　（ those ）

(2) 相手に，毎週日曜日にはふつう何をするのかをたずねるとき。　（ usually, every ）

(1)	
(2)	

⑩ 助動詞 can

助動詞：動詞の前におき，動詞に意味をつけ加えるはたらきをする語を**助動詞**という。
助動詞は主語によって形がかわることはなく，あとに続く動詞は必ず原形になる。

1 助動詞 can の文

① **意味**：「～（することが）できる。」「可能」を表す。

② **文の形**：〈**主語＋can＋動詞の原形**〉　can は動詞の前におき，主語にかかわらずいつも同じ形。

　例文　Kumi `can play` the piano.（**クミはピアノをひくことができます。**）

2 can の疑問文

① **疑問文**：「～できますか。」とたずねるときは，**can を主語の前に出し**，〈**Can＋主語＋動詞の原形～?**〉で表す。

② **答え方**：Yes の場合は〈**Yes, 主語＋can.**〉，No の場合は〈**No, 主語＋cannot[can't].**〉。

　例文　`Can` **Kumi play the piano?**（**クミはピアノをひくことができますか。**）
　　　　　　　　　主語　動詞の原形

　　── Yes, **she can.**（はい，できます。）

　　　／ No, **she cannot[can't].**（いいえ，できません。）

③ **疑問詞で始まる疑問文**：文頭に疑問詞をおき，疑問文を続ける。〈**疑問詞＋can＋主語＋動詞の原形～?**〉の形。

　例文　**What can you make?**（**あなたは何を作ることができますか。**）
　　　　疑問詞　　　　主語　動詞の原形

3 can の否定文

〈**主語＋cannot[can't]＋動詞の原形～.**〉　cannot は 1 語でつづる（can not としない）。

　例文　Kumi `cannot` [`can't`]**play** the piano.（**クミはピアノをひくことができません。**）

4 助動詞を使った許可と依頼の文

① **Can I ～? の文**：「～してもいいですか。」と相手に**許可を求める**表現。

　例文　`Can I` **use** this computer?　（このコンピュータを使ってもいいですか。）
　　　── Sure.（もちろんです。）

② **May I ～? の文**：〈**Can I ～?**〉と同様に「～してもいいですか。」と相手に**許可を求める**表現。

③ **Can you ～? の文**：「～してくれますか。」と相手に**依頼する**表現。

　例文　`Can you` **open** the door?（ドアを開けてくれますか。）
　　　── Sure.（もちろんです。）／ Sorry, I can't.（すみませんが，できません。）

STEP
2 基本問題

テスト
5日前
から確認!

別冊解答 P.12

得点

／100点

1 次の英文を（ ）内の指示に従って書きかえるとき，＿＿に適する語を
　1つずつ書きなさい。(15点×2)

(1) We write *kanji*.（「〜できる」という文に）

　　We ＿＿＿＿＿＿ ＿＿＿＿＿＿ *kanji*.

(2) I can see you.（否定文に）

　　I ＿＿＿＿＿＿ ＿＿＿＿＿＿ you.

2 次の日本文に合うように，（ ）内の語句を並べかえて正しい英文を完
　成させなさい。ただし，文頭にくる語も小文字にしてあります。
　　　　　　　　　　　　　　　　　　　　　　　　　　　　(20点×2)

(1) ユミは早く起きることができません。
　　(early / Yumi / get up / can't).

　　＿＿＿＿＿＿＿＿＿＿＿＿＿＿＿＿＿＿＿＿＿＿＿＿＿.

(2) あなたは7時に来られますか。(you / can / come) at seven?

　　＿＿＿＿＿＿＿＿＿＿＿＿＿＿＿＿＿＿ at seven?

3 次の日本文に合う英文になるように，＿＿に適する語を1つずつ書き
　なさい。(15点×2)

(1) 私を手伝ってくれますか。── すみませんが，できません。

　　＿＿＿＿＿＿ ＿＿＿＿＿＿ help me?

　　── ＿＿＿＿＿＿, I can't.

(2) ここに座ってもいいですか。── いいですとも。

　　＿＿＿＿＿＿ ＿＿＿＿＿＿ sit here?

　　── ＿＿＿＿＿＿.

1
(1)「〜できる」の文は
〈主語＋ can ＋動詞の原形
〜〉。

2
(1) can の否定文。can't
は動詞の前におく。

3
(1)「〜してくれますか。」
と依頼する文は〈Can
you ＋動詞の原形〜？〉。

1 次の英文を（　）内の指示に従って書きかえなさい。(7点×3)

(1) They play the guitar. （「～できます」という文に）

(2) You can eat *natto*. （疑問文に）

(3) <u>Yuki</u> can speak English well. （下線部をたずねる文に）

(1)	
(2)	
(3)	

2 次の日本文に合うように，（　）内の語を並べかえて正しい英文を完成させなさい。ただし，文頭にくる語も小文字にしてあります。(7点×2)

(1) この机を使ってもいいですか。
(desk / I / use / may / this)?

(2) 私たちはそこで何を見ることができますか。
(can / what / we / there / see)?

(1)		?
(2)		?

3 次の英文を日本文にしなさい。(6点×2)

(1) May I ask a question?

(2) I can read this *kanji*.

(1)	
(2)	

4 次のビル (Bill) と真理 (Mari)の対話文を読み，あとの問いに答えなさい。(計37点)

Bill　: Hi, Mari.　You have a big box.　What do you have in it?

Mari : I have some CDs.　They are for our CD shop.

Bill　: Your CD shop?

Mari : Yes.　We have our *school festival next month.
　　　　We have a *used CD shop at the festival.

Bill　: I see.　What do you do with the *money?

Mari : We *send ①it to *poor children around the world.

Bill　: That's a good idea.　I have a lot of used CDs, too.
　　　　Can I *bring some of ②them?

Mari : Sure.　Thank you very much.　③(　) (　) come to the festival?
　　　　You can buy a CD at the shop, too.

Bill　: *Sounds nice!　I want some.

（注）school festival　学園祭　　used　中古の　　money　お金　　send　送る　　poor　貧しい
　　　bring　持ってくる　　Sounds nice.　いいですね。

(1) 下線部①②が指すものを，それぞれ文中の英語2語で具体的に書きなさい。(6点×2)

難 (2) 下線部③が「学園祭に来てくれますか。」という意味になるように，( )に適する語を書きなさい。(5点)

　　(　　) (　　) come to the festival?

(3) 本文の内容に合っているものには○，そうでないものには×を書きなさい。(5点×4)
　　ア　真理はかばんの中にたくさんの CD を持っている。
　　イ　真理たちは来月の学園祭で中古 CD を売る予定である。
　　ウ　ビルは貧しい子どもたちに CD を送ることを申し出ている。
　　エ　ビルは学園祭に行って CD を買いたいと思っている。

(1)	①		②			
(2)						
(3)	ア		イ		ウ		エ	

5 次のようなとき英語でどのように言いますか。( )内の語を使って英文で書きなさい。

(8点×2)

(1) 駅までは歩いて行くことができると相手に教えてあげるとき。　　(you, station)

**よく
でる** (2) 相手に窓を閉めることを依頼するとき。　　(can)

(1)	
(2)	

11 命令文

STEP 1 要点チェック

1 命令文

① **意味**：「～しなさい。」 相手に指示・命令する。

② **文の形**：〈動詞の原形～.〉 主語をおかず，動詞の原形で文を始める。

　　例文　Sit here. (ここに座りなさい。)
　　　　　動詞の原形

③ **ていねいな命令文**：「(どうぞ)～してください。」とていねいに頼むときは，命令文の前か後ろ

　　に please をおき，〈 Please +動詞の原形 ～.〉 または〈動詞の原形～, **please**.〉とする。

　　例文　①[　　　　　　　　　] here. ／ Sit here, **please**. ((どうぞ)ここに座ってください。)
　　　　　　　　　　　　　　　　　　　　文末におくときは please の前にカンマ (,) をつける。

2 否定の命令文

① **意味**：「～してはいけません。」 禁止する命令文。

② **文の形**：〈**Don't** +動詞の原形～.〉命令文の前に Don't をおく。

　　例文　②[　　　　　　　　　] here. (ここに座ってはいけません。)

3 be 動詞の命令文

① **意味**：「～でありなさい。～になりなさい。」 ある状態でいる[になる]ように相手に指示・命令する。

② **文の形**：〈**Be** ～.〉 be 動詞(am, are, is)の原形 **be** で始め，**形容詞**や**名詞**を続ける。

　　　　　　You　are　**careful**. (あなたは**注意深い**です。)
　　　　　　　　　　　　　　　　be 動詞の原形は be。
　　例文　省略　Be　**careful**. ((**注意深く**していなさい。)＝注意しなさい。)
　　　　　　　　　　　　　　あとに形容詞(または名詞)が続く。

③ **否定の命令文**：be 動詞の否定の命令文は be の前に **Don't** をおき〈**Don't be** ～.〉の形にする。

　　例文　**Don't be** noisy. (うるさくしては**いけません**。)

4 勧誘・提案の文

① **意味**：「～しましょう。」 相手を勧誘したり，相手に提案したりする。

② **文の形**：〈**Let's** +動詞の原形～.〉 動詞の原形の前に let's をおく。

　　例文　③[　　　　　　　　　] lunch. (昼食を**食べましょう**。)

③ **答え方**：〈Let's ～.〉の勧誘，提案を受け入れるときは〈Yes, let's.〉，そうでない場合は，〈No, **let's not**.〉などと言う。

別冊解答 P.13

得点

／100点

---

1 次の英文を ( )内の指示に従って書きかえるとき，____に適する語を 1つずつ書きなさい。(10 点× 3)

(1) You study English every day.

（「〜しなさい。」と命令する文に）

_____ English every day.

(2) Watch TV now. （「〜してはいけません。」と禁止する文に）

_____ _____ TV now.

(3) You are quiet. （「〜しなさい。」と命令する文に）

_____ quiet.

2 次の日本文に合う英文になるように，( )内から適する語を選び，○ で囲みなさい。(10 点× 3)

(1) 音楽を聞きましょう。

(Do, Let's) listen to music.

(2) ここで写真を撮ってはいけません。

(Not, Don't) take pictures here.

(3) あなたの名前を書いてください。

(Please, Let's) write your name.

3 次の英文を日本文にしなさい。(20 点× 2)

(1) Let's go to the park.

公園に（   ）。

(2) Don't use this computer.

このコンピュータを（   ）。

1
(1)命令文には主語はな く，〈動詞の原形〜.〉の形。

11
命令文

2
(1)「〜しましょう。」は 〈Let's ＋動詞の原形〜.〉。
(3)ていねいに頼むとき は，命令文の前か後ろに please をつける。

3
(2)〈Don't ＋動詞の原形 〜.〉は否定の命令文「〜 してはいけません。」の意 味。

得点アップ問題

1 次の日本文に合う英文になるように，_____に適する語を1つずつ書きなさい。(6点×3)

よく
でる (1) どうぞドアを閉めてください。　Close the door, _____.

(2) この部屋の中で走ってはいけません。　_____ _____ in this room.

(3) テレビゲームをしましょう。 ── いいですよ。
　　_____ play video games. ── All _____.

(1)	
(2)	
(3)	

2 次の英文を( )内の指示に従って書きかえなさい。(7点×3)

(1) You wash your hands before dinner.　(「～しなさい。」と命令する文に)

(2) Show your notebook.　(ていねいな言い方に)

難 (3) You are late for school.　(「～してはいけません。」と禁止する文に)

(1)	
(2)	
(3)	

3 次の英文を日本文にしなさい。(8点×2)

(1) Please be quiet in the library.

(2) Don't talk with your friends now.

(1)	
(2)	

4 次の愛子 (Aiko)と隆 (Takashi)とスーザン (Susan)の対話文を読み，あとの問いに答えなさい。(計27点)

Aiko　　　： Hi, Takashi.
Takashi： Hi, Aiko. This is my friend, Susan.
Aiko　　　： Nice to meet you, Susan. I'm Aiko.
Susan　　： Nice to meet you, too, Aiko.
Aiko　　　： Do you like music, Susan?
Susan　　： Yes. I like Japanese music.
Aiko　　　： Oh, I like ①it, too. I have many CDs.
　　　　　　②(どうぞ私の家に来てください。) Let's listen to my CDs.
Susan　　： That's a good *idea.
Takashi： I think so, too. But I am *hungry.
Susan　　： Oh, me too.
Aiko　　　： OK. Let's have lunch now and go to my house.
Susan　　：　　③　　 I am *happy!

(注) idea 考え　　hungry 空腹の　　happy 幸せな，うれしい

(1) 下線部①が指すものを，文中の英語2語で書きなさい。(7点)

(2) ②の(　)内の日本文を英文にしなさい。(8点)

(3) ③の　　　に適するものをア～エから選び，記号で答えなさい。(6点)
　　ア　Yes, let's.　　イ　No, let's not.　　ウ　Yes, I do.　　エ　No, I don't.

(4) 愛子と隆とスーザンはこれから何をしますか。ア～ウから選び，記号で答えなさい。(6点)
　　ア　隆の家で CD を聞く。　　　　　　　イ　愛子の家で昼食を食べる。
　　ウ　昼食を食べてから愛子の家に行く。

(1)	
(2)	
(3)	(4)

5 次のようなとき英語でどのように言いますか。(　)内の語句を使って英文で書きなさい。

(9点×2)

(1) ここで携帯電話を使ってはいけませんと注意するとき。　　(a cell phone)

 (2) 放課後サッカーをしようと誘うとき。　　(after school)

(1)	
(2)	

11
命令文

定期テスト予想問題

別冊解答 P.14

目標時間 45分

得点 ／100点

① 次の英文を（ ）内の指示に従って書きかえなさい。(6点×5)

(1) You wash your car every Sunday. （「～しなさい。」という命令文に）

(2) You don't play baseball here. （「～してはいけません。」と禁止する文に）

(3) I play the piano. （「～できます。」という意味の文に）

(4) Jim can cook <u>curry</u>. （下線部が答えの中心となる疑問文に）

(5) Close the window. （「～してください。」とていねいに頼む文に）

(1)	
(2)	
(3)	
(4)	
(5)	

② 次の日本文に合う英文になるように，（ ）内の語を並べかえなさい。ただし，文頭にくる語も小文字にしてあります。(7点×3)

(1) 私はピザを作ることができません。 （ can't / pizza / make / I ）.

(2) この本を読んでもいいですか。 （ I / this / read / book / can ）?

(3) あなたは何を演奏することができますか。 （ you / what / play / can ）?

(1)	.
(2)	?
(3)	?

❸ 次のジャック (Jack) と香奈 (Kana) の対話文を読み，あとの問いに答えなさい。(計33点)

Jack　: Hello, Kana.

Kana　: Hi, Jack.

Jack　: ①(park / the / let's / to / go).

Kana　: I'm sorry, but I can't.　I have a lot of English homework today.

Jack　: I can *teach English.　I can help you, Kana.

Kana　: Thank you very much.

Jack　: ②Can you come to my house at two o'clock?

Kana　: (　③　) Do you have a *dictionary, Jack?

Jack　: Yes.

Kana　: Can I use it?

Jack　: Yes, you can.

（注）teach 教える　　dictionary 辞書

(1) 下線部①が意味の通る英文になるように，（　）内の語を並べかえなさい。(8点)

(2) 下線部②の英文を日本文にしなさい。(8点)

(3) ③の（　）に適するものをア～ウから選び，記号で答えなさい。(5点)

　　ア　You're welcome.　　イ　Sure.　　ウ　Me, too.

(4) 本文の内容に合っているものには○，そうでないものには×を書きなさい。(4点×3)

　　ア　香奈とジャックは公園に行く予定だ。

　　イ　香奈は数学の宿題がたくさんある。

　　ウ　ジャックの家には辞書がある。

(1)	.
(2)	
(3)	
(4)	ア　　　　　　　　　　　イ　　　　　　　　　ウ

❹ 次のようなとき英語でどのように言いますか。（　）内の語を使って英文で書きなさい。

(8点×2)

難 (1) 待ち合わせをした友だちに，明日は遅れないようにと言うとき。　（ late, tomorrow ）

(2) 相手に，ここで待っていてくれますかと頼むとき。　（ can ）

(1)	
(2)	

12 一般動詞②
― 3人称単数現在 ―

1 3人称

自分(たち)を表す I と we を **1人称**，相手を表す you を **2人称**，それ以外を **3人称**という。

	1人称	2人称	3人称
単数	I	you	he, she, it, Ms. Suzuki, that boy, this cat など
複数	we	you	they, Kumi and Yuka, these books など

2 一般動詞の文（3人称単数現在）

① 主語が **3人称**の**単数**で，**現在**を表す文では，一般動詞の語尾に **s，es** をつける。この一般動詞の形を **3人称単数現在形(3単現)** という。s，es のつかないもとの形は **動詞の原形** という。

② 3人称単数現在形の作り方 おぼえる！

原則：語尾に **s** をつける。 例 play → | plays |， like → ①[　　　　　]

語尾が **s, sh, ch, o** の語：**es** をつける。 例 watch → | watches |， go → ②[　　　　　]

語尾が〈**子音字＋y**〉の語：**y** を **i** にかえて **es** をつける。 例 study → | studies |

不規則に変化する語： 例 have → | has |

3 一般動詞の疑問文と否定文（3人称単数現在）

① **疑問文**：3人称単数現在の文で「…は〜しますか。」とたずねるときは， | does | を主語の前におき〈**Does ＋ 主語 ＋ 動詞の原形〜?**〉で表す。文末は上げ調子(⤴)で読む。

例文 **Does he play** soccer. （彼はサッカーをしますか。）

② **答え方**：答えるときも **does** を使い，Yes の場合は〈Yes, **主語** ＋ **does**.〉，No の場合は〈No, **主語** ＋ **does not**[**doesn't**].〉と言う。

③ **否定文**：3人称単数現在の文で「…は〜しません。」と打ち消すときは，動詞の前に **does not**[**doesn't**]をおき〈**主語 ＋ does not**[**doesn't**]＋ **動詞の原形〜.**〉で表す。

例文 **He** | does not |[| doesn't |]**play** soccer. （彼はサッカーをしません。）

4 Where[When] do[does] 〜? の文

① **意味**：「…はどこで[いつ]〜しますか。」〈場所〉や〈時〉をたずねる表現。

② **文の形**：〈**Where**[**When**]＋ 一般動詞の疑問文〜?〉 | where | 「どこで」や | when | 「いつ」を文の最初におき，一般動詞の疑問文を続ける。文末は下げ調子(⤵)で読む。

例文 **When does** he play the guitar? （彼はいつギターをひきますか。）
　　　「いつ」　　　一般動詞の疑問文を続ける。

③ **答え方**：Yes，No ではなく，**具体的に**〈**場所**〉や〈**時**〉を答える。

STEP
2

基本問題

テスト
5日前
から確認!

別冊解答 P.15

得点

／100点

1 次の日本文に合う英文になるように，（　）内から適する語を選び，○で囲みなさい。(10点× 3)

(1) 彼はスポーツが好きです。

He (like, likes) sports.

(2) 佐藤先生は数学を教えます。

Mr. Sato (teach, teaches) math.

(3) あなたのお兄さんは英語を話しますか。

(Do, Does) your brother (speak, speaks) English?

2 次の英文を（　）内の指示に従って書きかえるとき，____に適する語を1つずつ書きなさい。(15点× 2)

(1) Mike goes to school by bus. （疑問文にして No で答える）

_____ Mike _____ to school by bus?

── No, he _____.

(2) Ken lives in Yokohama. （下線部をたずねる文に）

_____ _____ Ken live?

3 次の日本文に合うように，（　）内の語を並べかえて正しい英文を完成させなさい。ただし，文頭にくる語も小文字にしてあります。(20点× 2)

(1) 彼はラケットをほしがっています。
(racket / he / a / wants).

_____.

(2) 彼女はいつテニスを楽しみますか。
(tennis / she / when / enjoy / does)?

_____?

1
(1) (2) 主語が3人称単数で現在の文では，一般動詞の語尾に s, es をつける。

2
(1) 主語が3人称単数の疑問文は〈Does ＋主語＋動詞の原形～？〉。

3
(2) 「いつ～しますか。」とたずねる文は〈When＋do[does]＋主語＋動詞の原形～？〉の形。

得点アップ問題

1 次の( )内の動詞を適する形に直しなさい。直す必要がなければそのまま書きなさい。ただし, すべて現在の文とします。(5点×4)

(1) Jim ＿＿＿＿＿ *judo.* (try)

(2) Mariko often ＿＿＿＿＿ to Tokyo. (go)

(3) My mother ＿＿＿＿＿ the dishes after dinner. (wash)

(4) Ms. Brown doesn't ＿＿＿＿＿ *kabuki.* (know)

(1)		(2)	
(3)		(4)	

2 次の日本文に合う英文になるように, ＿＿＿＿に適する語を1つずつ書きなさい。(7点×4)

(1) 私の父は夕食後にテレビを見ます。
   My father ＿＿＿＿＿ TV after dinner.

(2) ビルはこのペンを使いません。
   Bill ＿＿＿＿＿ ＿＿＿＿＿ this pen.

(3) ケイトは速く泳ぎますか。── はい, 泳ぎます。
   ＿＿＿＿＿ Kate ＿＿＿＿＿ fast? ── Yes, she ＿＿＿＿＿.

(4) トムはどこで日本語を習いますか。
   ＿＿＿＿＿ ＿＿＿＿＿ Tom learn Japanese?

(1)		
(2)		
(3)		
(4)		

3 次の卓也 (Takuya) とルーシー (Lucy) の対話文を読み，あとの問いに答えなさい。(計 36 点)

Takuya : Hi, Lucy. What do you have in your bag?
Lucy　　: Hi, Takuya. I have a *flute.
Takuya : Do you play the flute?
Lucy　　: Yes, I [　①　].
Takuya : My sister plays the flute, too.
Lucy　　: Oh, really? Where does she *practice it?
Takuya : She practices it at school. She [　②　] a member of the music club.
　　　　　③She likes music very much.
Lucy　　: Does she practice it *hard?
Takuya : Yes, she [　④　].
　　　　　She practices it every Monday, Tuesday and Friday.
Lucy　　: That's great!

(注) flute　フルート　　practice〜　〜を練習する　　hard　熱心に

(1) ①②④の [　] に適するものをア〜オから選び，記号で答えなさい。(5 点×3)

　ア　do　　イ　does　　ウ　am　　エ　are　　オ　is

(2) 下線部③の英文を日本文にしなさい。(7 点)

(3) 本文の内容について，次の問いに，(　)内の語数の英文で答えなさい。(7 点×2)
　(a) Where does Lucy have a flute?（6 語）
　(b) Does Takuya's sister practice the flute on Wednesday?（3 語）

(1)	①		②		④	
(2)						
(3)	(a)					
	(b)					

4 次の日本文を，(　)内の語句を使って英文にしなさい。(8 点×2)

(1) 私の父は日本に住んでいません。　（in）

(2) 翔太(Shota)はいつ音楽を聞きますか。　（listen to）

(1)	
(2)	

13 現在進行形

要点チェック

テスト
1週間前
から確認!

1 現在進行形の文

① **意味**：「(今)〜している(ところだ)。」　現在進行中の動作や出来事を表す。

② **文の形**：〈**主語**＋ **be 動詞**（**am, is, are**）＋**動詞の -ing 形**〉　動詞の -ing形が現在進行中の動作や出来事を表す。be 動詞は主語にあわせて am, is, are を使い分ける。

③ **動詞の -ing 形の作り方**

原則：語尾に ing をつける。**例**　play → | playing |，study → ①|　　　|

語尾が e の動詞：e をとって ing をつける。**例**　take → | taking |，write → ②|　　　|

語尾が〈**短母音**＋**子音字**〉の動詞：子音字を重ねて ing をつける。**例**　run → | running |
　└短く発音する母音

2 現在進行形の疑問文

① **疑問文**：「(今)〜しているところですか。」とたずねるときは，**be 動詞**を**主語**の前に出し，〈**be動詞**＋**主語**＋**動詞の -ing 形** 〜?〉で表す。文末は上げ調子（↗）で読む。

② **答え方**：Yes の場合は〈Yes, **主語**＋ **be 動詞** .〉，No の場合は〈No, **主語**＋ **be 動詞**＋ **not** .〉。

例文 | Are you studying | math?（**あなたは(今)数学を勉強しているのですか。**）
　　　— Yes, **I am**. （はい，そうです。）／ No, **I'm not**. （いいえ，ちがいます。）

③ **疑問詞で始まる疑問文**：〈**疑問詞**＋ **be 動詞**＋**主語**＋**動詞の -ing 形**?〉の形にする。

例文 **What are you doing?**（**あなたは(今)何をしているのですか。**）
　　　疑問詞　be動詞　主語　動詞の-ing形
　　　— I'm studying math.（私は(今)数学を勉強しています。）

3 現在進行形の否定文

「(今)〜しているところではありません。」と打ち消すときは，be 動詞のあとに **not** をおき，〈**主語**＋ **be 動詞**＋ **not** ＋**動詞の -ing 形**.〉で表す。

例文 **He is　　not** reading a book.（**彼は(今)本を読んでいるところではありません。**）
　　　主語　be動詞　　動詞の-ing形

4 現在進行形にしない動詞

動作ではなく，**継続する状態や気持ちを表す動詞**は，ふつう現在進行形にしない。

① **継続する状態を表す動詞**：

have「〜を持っている」，live「住んでいる」，know「〜を知っている」など。

② **気持ちを表す動詞**：like「〜が好きだ」，love「〜を愛している」など。

1 次の日本文に合う英文になるように，（　）内から適する語句を選び，○で囲みなさい。(10点×3)

(1) 私たちは英語を話しています。

We are (speak,　speaking) English.

(2) クミはピアノをひいていません。

Kumi (is,　does) not playing the piano.

(3) 私は新しいかばんを持っています。

I (have,　am having) a new bag.

2 次の英文を（　）内の指示に従って書きかえるとき，＿＿＿に適する語を1つずつ書きなさい。(10点×3)

(1) I cook dinner every day.
　（下線部を now にかえて現在進行形の文に）

I ＿＿＿＿＿ ＿＿＿＿＿ dinner now.

(2) I am listening to the CD. （主語を Jane にかえて）

Jane ＿＿＿＿＿ ＿＿＿＿＿ to the CD.

(3) You are washing the dishes. （疑問文にして Yes で答える）

＿＿＿＿＿ ＿＿＿＿＿ ＿＿＿＿＿ the dishes?

—— Yes, I ＿＿＿＿＿.

3 次の英文を日本文にしなさい。(20点×2)

(1) What is Mike doing?

マイクは（　　　　　　　　　　　　　　　　）。

(2) What are you having?

あなたは（　　　　　　　　　　　　　　　　）。

1
(1) 現在進行中の動作を表すときは，〈主語＋be 動詞＋動詞の -ing 形〉。
(3) 動作ではなく状態を表す動詞は現在進行形にしない。

2
(2) 現在進行形の be 動詞は主語によって使い分ける。
(3) 現在進行形の疑問文は〈be 動詞＋主語＋動詞の -ing 形〜 ?〉。

13
現在進行形

得点アップ問題

1 次の英文の（　）内の動詞を適する形に直しなさい。直す必要がなければそのまま書きなさい。

(4点×4)

(1) Tom is (run) over there.

(2) I'm (go) home.

(3) He doesn't (play) the guitar well.

(4) What are you (write)?

(1)		(2)	
(3)		(4)	

2 次の日本文に合う英文になるように，_____に適する語を1つずつ書きなさい。(7点×3)

よく
でる

(1) あなたは今テレビを見ているのですか。── はい，見ています。

_____ _____ _____ TV now?

── Yes, _____ _____ .

(2) アキコは今部屋を掃除しているところですか。── いいえ，していません。

_____ Akiko _____ her room now?

── _____ , she _____ .

(3) 彼らは(今)どこで野球をしているのですか。

_____ _____ _____ _____ baseball?

(1)			
(2)			
(3)			

3 次のケイト (Kate) と五郎 (Goro) の対話文を読み，あとの問いに答えなさい。(計43点)

Kate : Hello, Goro.

Goro : Hi, Kate. Do you often come here?

Kate : No. This is my *first time. How about you?

Goro : I live near here, so I often read books here.
　　　 I sometimes do my homework, too.

Kate : <u>What are you reading, Goro?</u>

Goro : I'm reading a *history book. Are you looking for a book?

Kate : Yes. I'm looking for a book about *kabuki*.
　　　 Do you know any good books about *kabuki*?

Goro : Sorry, I don't. But Mr. Tanaka likes *kabuki*.
　　　 He knows about it well, *I think. Let's ask him.

Kate : Oh, really? That's a good idea.

(注) first time　初回　　history book　歴史の本　　〜, I think.　〜だと思う。

(1) 下線部の英文を日本文にしなさい。(8点)

(2) ケイトと五郎はどこにいますか。日本語で答えなさい。(7点)

(3) 本文の内容について，次の問いに英語で答えなさい。(8点×2)

　　(a)　What is Goro doing?　　(b)　Is Kate doing her homework?

(4) 本文の内容に合っているものには○，そうでないものには×を書きなさい。(4点×3)

　　ア　五郎はいつも自分の家で宿題をする。

　　イ　五郎は歌舞伎(かぶき)の本についてよく知らない。

　　ウ　ケイトは，田中先生(Mr. Tanaka)が歌舞伎が好きだということを知っていた。

(1)		
(2)		
(3)	(a)	
	(b)	
(4)	ア　　　　　　イ　　　　　　ウ		

4 次のようなとき英語でどのように言いますか。英文で書きなさい。(10点×2)

(1) 相手に，今何をしているのかとたずねるとき。

(2) 相手に，自分は今英語を勉強しているところだと言うとき。

(1)	
(2)	

定期テスト予想問題

別冊解答 P.17

目標時間 **45**分 ／ 得点 ／100点

❶ 次の英文を（　）内の指示に従って書きかえなさい。(7点×4)

(1) I have two dogs. （主語をMy uncleにかえて）

(2) Kenji studies math on Sundays. （疑問文に）

(3) Jimmy swims in the river. （現在進行形の文に）

(4) I'm looking for my pencil. （主語をYouにかえて下線部が答えの中心となる疑問文に）

(1)	
(2)	
(3)	
(4)	

❷ 次の日本文に合うように，（　）内の語句を並べかえて正しい英文を完成させなさい。ただし，文頭にくる語も小文字にしてあります。(5点×3)

(1) 私の兄はピアノをひきません。
(piano / play / my brother / the / doesn't).

(2) あなたの妹はどうやって学校へ行きますか。
(does / go / school / how / to / your sister)?

(3) あなたは今，宿題をしていますか。
(homework / doing / are / your / you) now?

(1)		.
(2)		?
(3)		now?

3 次の真吾 (Shingo) とモニカ (Monica) の対話文を読み，あとの問いに答えなさい。(計39点)

Shingo : Hello, Monica. This is Shingo.

Monica : Oh! Hi, Shingo.

Shingo : Are you free today?

Monica : Oh, I'm cleaning my room now, but I'm free after that.

Shingo : Good. My family is planning *hanami* this evening. Can you come?

Monica : OK. But what's *hanami*? ①Can you tell me about it?

Shingo : *Cherry blossoms are beautiful now, so we Japanese go and see them.
　　　　Many people have parties under ②them. We also have a *hanami* party
　　　　in the park near our house. My mother ③(make) *bento* every year.

Monica : I see. That sounds *exciting.

Shingo : Yes, cherry blossoms are really beautiful at night.
　　　　Can you come to my house at about six?

Monica : All right. See you then.

Shingo : Bye.
(注) cherry blossoms　サクラの花　　exciting　わくわくする

(1) 下線部①の英文を，itの内容を具体的に示して日本文にしなさい。(7点)

(2) 下線部②が指すものを，文中の英語2語で書きなさい。(4点)

(3) ③の（　）内の語を適する形に直しなさい。(4点)

難 (4) 本文の内容について，次の問いに英語で答えなさい。(8点×3)

　(a)　What is Monica doing now?

　(b)　Where do Shingo and his family have a *hanami* party?

　(c)　Does Shingo tell Monica about *hanami*?

(1)	
(2)	
(3)	

(4)	(a)	
	(b)	
	(c)	

4 次のようなとき英語でどのように言いますか。（　）内の語を使って英文で書きなさい。(9点×2)

(1) 相手に，自分の兄は夕食後に宿題をすると言うとき。　　(dinner)

(2) 相手に，自分は今手紙を書いているところだと言うとき。　　(letter)

(1)	
(2)	

1 時刻・曜日・天候を表す it

① **時刻**:「〜時…分です。」は 〈**It** is[**It's**] +**時**+**分**.〉で表す。「〜時(ちょうど)です。」は It is[It's] 〜 (o'clock). と言う。o'clock は省略できる。

例文 | It is | [| It's |] **two thirty.** （2時30分です。）

② **曜日**:「〜曜日です。」は 〈**It** is[**It's**] +曜日名.〉で表す。

> it のかわりに today「今日(は)」を主語にして,〈Today is +曜日名.〉としてもよい。

例文 | What day | is **it** today? （今日は何曜日ですか。）

— | It is | [| It's |] **Friday.** （金曜日です。）

③ **日付**:「〜月…日です。」は 〈**It** is[**It's**] +月名+(the)日付.〉で表す。日付は「〜番目」という意味の**序数**を使う。

例文 | What | is the | date | today? （今日は何月何日ですか。）

— | It is | [| It's |] **March (the) third.** （3月3日です。）

④ **天候**:「(天気は)〜です。」は 〈**It** is[**It's**] +天候を表す語句.〉で表す。天候をたずねるときは how「どんな,どう」で始め,**How** is the weather?「天気はどうですか。」と言う。

例文 | How | is the weather? （天気はどうですか。）

— | It is | [| It's |] **sunny.** （晴れています。）

2 What time is it? の文

「何時ですか。」と〈時刻〉をたずねるときは,主語に **it** を用い 〈**What time** is **it**?〉で表す。答えるときも **it** を主語にして,**具体的な時刻**を答える。

例文 | What time | is **it**? （何時ですか。）

— | It is | [| It's |] **ten fifteen.** （10時15分です。）

3 What time do[does] 〜？の文

「何時に〜しますか。」と,動作をおこなう時刻をたずねるときは 〈**What time** do[does] +主語+動詞の原形〜?〉で表す。**What time** を文の最初におき,一般動詞の疑問文を続ける。答えるときは〈**at** +時刻〉などを用いて「〜時(…分)に」と**具体的な時刻**を答える。

例文 | What time | do you get up? （あなたは何時に起きますか。）

—— I get up **at seven thirty.** （私は7時半に起きます。）

STEP 2 基本問題

---

1 次の日本文を英文にしなさい。ただし、数字も英語のつづりで書くこと。

(1) (天気は)雨降りです。　　　　　　　　　　　　　　　(10点×3)

_____

(2) (時刻は)10時30分です。

_____

(3) 今日は木曜日です。

_____

2 次の疑問文に対する答えとして適するものをア〜エから選び、記号で答えなさい。(10点×4)

(1) How is the weather today?　　　　　　　(　　　)

(2) What time is it now?　　　　　　　　　(　　　)

(3) What day is it today?　　　　　　　　　(　　　)

(4) What time do you have dinner every day?　(　　　)

　　ア　It's Sunday.　　　イ　It's eleven fifteen.

　　ウ　It's sunny.　　　エ　At seven thirty.

3 次の日本文に合うように、(　)内の語を並べかえて正しい英文を完成させなさい。ただし、文頭にくる語も小文字にしてあります。

(15点×2)

(1) 午前10時45分です。

(forty-five / morning / is / the / in / ten / it).

_____.

(2) あなたは毎日何時に家に帰りますか。

(you / home / time / get / do / what) every day?

_____ every day?

---

1 天候・時刻・曜日などはit を主語にして表す。

2 (3) What day is it today? は曜日をたずねる文。

3 (2) 「何時に〜しますか」とたずねる文はWhat time で始める。

14 時刻・曜日・天候

67

1 次の日本文に合う英文になるように，＿＿＿＿に適する語を1つずつ書きなさい。(7点×3)

(1) 午後3時15分です。

It's three ＿＿＿＿ ＿＿＿＿ the afternoon.

(2) 今日は月曜日です。

It's ＿＿＿＿ ＿＿＿＿ .

(3) 今日は8月7日です。

It is ＿＿＿＿ the ＿＿＿＿ today.

(1)		
(2)		
(3)		

2 次の対話文が成り立つように，＿＿＿＿に適する語を1つずつ書きなさい。(7点×4)

(1) ＿＿＿＿ ＿＿＿＿ rainy in Okinawa? —— No. It's cloudy.

(2) ＿＿＿＿ ＿＿＿＿ is it today? —— It's Tuesday.

(3) ＿＿＿＿ is the ＿＿＿＿ today? —— It's sunny and hot.

(4) ＿＿＿＿ ＿＿＿＿ is it? —— It's seven o'clock.

(1)		
(2)		
(3)		
(4)		

3 次のテッド (Ted) と次郎 (Jiro) の対話文を読み，あとの問いに答えなさい。(計 35 点)

Ted : It's (①) today. Do you have any *plans for *tomorrow?
Jiro : Yes, I do. I *go fishing in the river with my father every (②).
Ted : Do you get up early every Saturday morning?
Jiro : Yes, we usually get up at five and leave home at about five thirty.
Ted : That's early! I usually get up at ten. Do you go ③there by bus?
Jiro : No, we don't have any buses in the early morning. My father drives.
Ted : Do you get many fish?
Jiro : No. We get a big fish and we make a *fish print from it.
Ted : What's a fish print?
Jiro : Oh, you don't know about it. We have a lot of fish prints at home.
　　　 Come to my home on Sunday.
Ted : Thank you very much.

(注) plan 予定　　tomorrow 明日　　go fishing 釣りに行く　　fish print 魚拓

(1) ①②の ( ) に適する曜日を英語で書きなさい。(5点× 2)

難-(2) 下線部③が指す場所を日本語で書きなさい。(7 点)

(3) 本文の内容について，次の問いに 6 語の英文で答えなさい。(6 点)
　　 What time does Ted usually get up every Saturday?

(4) 本文の内容に合っているものには○，そうでないものには×を書きなさい。(4点× 3)
　　 ア　Jiro and his father get many fish for fish prints.
　　 イ　Jiro and his father go to the river by car.
　　 ウ　Ted knows a lot about fish prints.

(1)	①		②	
(2)				
(3)				
(4)	ア		イ		ウ	

4 次のようなとき英語でどのように言いますか。( )内の語を使って英文で書きなさい。

(8点× 2)

よく
でる (1) 相手に，大阪は，今日は雪だと伝えるとき。　　(snowy)

(2) 相手に，相手の学校は何時に始まるかとたずねるとき。　　(begin)

(1)	
(2)	

要点チェック

テスト
1週間前
から確認!

① **疑問詞**：わからないこと［もの，人］をたずねるときに使う **what** や **when，where，who，how** などの語を疑問詞という。

② **文の形**：疑問詞を文頭におき，ふつうの疑問文を続ける。答えるときは Yes，No ではなく，聞かれた内容を具体的に答える。

1 when / where で始まる疑問文

① **when**：「いつ」と時をたずねる。

例文　**When** do you study?（あなたはいつ勉強しますか。）

② **where**：「どこ」と場所をたずねる。

例文　**Where** do you study?（あなたはどこで勉強しますか。）

2 who で始まる疑問文

「だれ」と人についてたずねる。一般動詞の疑問文は，疑問詞を主語にして〈疑問詞＋動詞〜？〉の形にする。who は 3 人称単数として扱い，動詞は 3 人称単数現在形にする。

例文　| Who makes | dinner?（だれが夕食を作りますか。）— **Ken** | does | .（ケンが作ります。）

＝主語　　3 人称単数現在形。　　　　　　　　　　　　makes のかわりに does を使う。

3 what / which で始まる疑問文

① **what**：「何」とものについてたずねる。「何の〜」とたずねるときは〈**what＋名詞**〉を使う。

例文　**What** do you study?（何を勉強しますか。）── I study **math**.（数学を勉強します。）

② 〈**which(＋名詞)**〉：「どれ，どちら」と，2 つ以上のうちどれかをたずねる。「どちらの〜」とたずねるときは〈**which＋名詞**〉を使う。「A と B のどちら」と限定してたずねるときは，文末に〈**, A or B**〉をつける。

例文　**Which** is your pen?（あなたのペンはどれですか。）── **This one** is.（これです。）

4 how で始まる疑問文

① **意味**：手段・方法（「どうやって」）や，状態（「どのような」）をたずねる。

例文　**How** does he go to Yokohama?（彼はどうやって横浜に行きますか。）

② 〈**how ＋形容詞・副詞**〉の使い方 おぼえる!

たずねる語句	意味	例文
How many＋名詞の複数形	いくつの〜	(How many) books do you have?（あなたは何冊の本を持っていますか。）
How much	いくら	How much is this bag?（このかばんはいくらですか。）
How old	何歳，どのくらい古い	How old is your brother?（あなたのお兄さん［弟さん］は何歳ですか。）

基本問題

得点
／100点

---

1 次の対話文が成り立つように，（ ）内から適する語を選び，○で囲みなさい。(9点×3)

(1) (What, Who) do you want? — I want a new bike.

(2) (When, How) do you go to school? — I go there by bus.

(3) (Which, Where) is Ken? — He's in his room.

2 次の日本文に合う英文になるように，___ に適する語を1つずつ書きなさい。(14点×2)

(1) あなたは CD を何枚持っていますか。

_____ _____ CDs do you have?

(2) これとあれのどちらがあなたの机ですか。

_____ is your desk, this _____ that?

3 次の日本文に合うように，（ ）内の語を並べかえて正しい英文を完成させなさい。ただし，文頭にくる語も小文字にしてあります。

(15点×3)

(1) この帽子はいくらですか。
(cap / how / is / much / this)?

_____?

(2) だれがあの自転車を使いますか。
(uses / bike / who / that)?

_____?

(3) これはだれのかばんですか。
(this / bag / whose / is)?

_____?

1

(3)「彼は自分の部屋にいます。」と場所を答えている。

2

(1) 数をたずねるときは〈How many ＋複数名詞〉で始める。

3

(2)「だれが〜」とたずねる文は疑問詞を主語にして〈疑問詞＋動詞〜？〉の形にする。

STEP
3
得点アップ問題

テスト
3日前
から確認!

別冊解答 P.19

得点

／100点

1 次の疑問文に対する答えとして適するものをア〜カから選び，記号で答えなさい。(3点×4)

(1) How is the weather in Kyushu?　(2) Who is that boy?

(3) When do you play soccer?　(4) What do you have in your bag?

　　ア　He is Makoto.　　　　イ　It is rainy.
　　ウ　I am Suzuki Taro.　　エ　I have some notebooks.
　　オ　I play it after school.　カ　I go there on Sunday.

(1)		(2)		(3)		(4)	

2 次の英文を，下線部が答えの中心となる疑問文に書きかえなさい。(7点×4)

よくでる (1) I have <u>two</u> brothers. （主語を you にかえて）

(2) These are <u>Ken's</u> pencils.

(3) This bag is <u>3,000 yen</u>.

(4) Mike goes <u>to the library</u> on Sunday morning.

(1)	
(2)	
(3)	
(4)	

3 次の英文を日本文にしなさい。(6点×2)

(1) How old is your father?

(2) What time do you go to bed?

(1)	
(2)	

4 次の圭介 (Keisuke)とジュディ (Judy)の対話文を読み，あとの問いに答えなさい。(計34点)

Keisuke : How do you usually *spend your *weekend, Judy?
Judy 　 : I get up early and walk to the park near my house with my camera.
Keisuke : ①What do you do in the park?
Judy 　 : I take some pictures of the flowers there.
Keisuke : Do you take pictures every week?
Judy 　 : Yes, I do. I use some of them for my *blog.
Keisuke : Oh, you have a blog!
Judy 　 : I write about flowers every week.
Keisuke : ②(do / it / when / write / you)?
Judy 　 : I take pictures in the morning, and I write my blog in the evening.
　　　　　 Please read it.
Keisuke : Sure.

(注) spend　過ごす　　weekend　週末　　blog　ブログ

(1) 下線部①の英文を日本文にしなさい。(6点)

(2) 下線部②が意味の通る英文になるように，( )内の語を並べかえなさい。(7点)

難 (3) 本文の内容について，次の問いに英語で答えなさい。(7点×3)

　(a)　Where is the park?

　(b)　How does Judy go to the park?

　(c)　Does Judy write her blog every day?

15 疑問詞で始まる疑問文

(1)		
(2)		?
(3)	(a)	
	(b)	
	(c)	

5 次のようなとき英語でどのように言いますか。( )内の語を使って英文で書きなさい。(7点×2)

(1) 相手に，昼食はどこで食べるのかとたずねるとき。　(lunch)

よく
でる (2) 相手に，何のスポーツをするかとたずねるとき。　(sports)

(1)	
(2)	

定期テスト予想問題

別冊解答 P.20

目標時間 **45**分

得点 ／100点

❶ 次の対話文が成り立つように，_____ に適する語を1つずつ書きなさい。(5点×4)

(1) _____ _____ is it ? —— It's three now.

入試に出る! (2) How _____ classes do you have today? —— We have six. (沖縄県)

(3) _____ is the _____ today? —— It's sunny.

(4) _____ _____ you play soccer? —— I play it in the park.

(1)		
(2)		
(3)		
(4)		

❷ 次の日本文に合うように，( )内の語句を並べかえて正しい英文を完成させなさい。ただし，文頭にくる語も小文字にしてあります。(7点×4)

よくでる (1) 私は7時に家を出ます。
(home / I / seven / leave / at).

(2) あなたは，日曜日は何時に起きますか。
(get up / what / you / Sundays / do / on / time)?

(3) だれがあなたたちの教室を掃除しますか。
(cleans / classroom / your / who)?

(4) 私の誕生日は12月11日です。
(is / eleventh / birthday / December / my).

(1)	.
(2)	?
(3)	?
(4)	.

❸ 次のニック (Nick) の自己紹介の文を読み，あとの問いに答えなさい。(計38点)

　　　　Hi, everyone.　My name is Nick.　I'm from Australia.　Now I stay with a Japanese family and go to a junior high school in this city.　I like sports very much.　I am on the tennis team at school.　①It has twenty members.　I have many friends there.　We practice after school on Tuesday and Thursday.

　　　　I like music, too.　My host father plays the guitar and my host mother plays the piano.　She teaches many Japanese songs to me.　②We usually listen to music after dinner and sometimes sing those songs.　It's fun.

　　　　I like Japan and my Japanese family very much.

(1) 下線部①が指すものを，文中の英語3語で答えなさい。(4点)

(2) 下線部②の英文を日本文にしなさい。(6点)

難 (3) 本文の内容について，次の問いに英語で答えなさい。(7点×4)

　(a)　Where is Nick from?

　(b)　What day does Nick practice tennis?

　(c)　Which does the host father play, the guitar or the piano?

　(d)　What songs does Nick's host mother teach to Nick?

(1)		
(2)		
(3)	(a)	
	(b)	
	(c)	
	(d)	

❹ 次の質問に，自分自身の場合について英語で答えなさい。(7点×2)

(1) How old are you?

(2) How do you go to school?

(1)	
(2)	

16 過去形①
― 一般動詞の過去形 ―

STEP 1 要点チェック

1 一般動詞の過去の文

① **意味**:「～した」「～だった」と，過去の動作や状態を表す文。

② **文の形**:〈**主語**+**動詞の過去形**～.〉　過去のことを言うときには，動詞を過去形にする。一般動詞の過去形は，主語によって形がかわることはない。

一般動詞には，語尾に(e)d をつける**規則動詞**と，不規則に変化する**不規則動詞**がある。

③ **規則動詞の過去形の作り方** おぼえる!

原則:語尾に **ed** をつける。**例**　play → | played |，walk → |①　　　　　|

語尾が **e** の動詞:**d** をつける。**例**　live → | lived |，use → |②　　　　　|

語尾が〈**子音字**+ **y**〉の動詞:**y** を **i** にかえて **ed** をつける。**例**　study → | studied |

語尾が〈**短母音**+**子音字**〉の動詞:子音字を重ねて **ed** をつける。**例**　stop → | stopped |

④ **不規則動詞の過去形**

ミス注意!　have → | had |，go → | went |，come → | came |，see → | saw |，buy → | bought | など。read[ri:d] → read[red]のように，原形と形は同じだが発音がかわるものもある。

2 一般動詞(過去)の疑問文と否定文

① **疑問文**:「～しましたか。」と過去の動作・状態についてたずねるときは，**did** を**主語の前に**おき〈**Did**+ **主語**+**動詞の原形**～ ?〉で表す。文末は上げ調子(↗)で読む。

② **答え方**:答えるときも did を使い，Yes の場合は〈Yes, **主語**+ **did**.〉，No の場合は〈No, **主語**+ **did not**[**didn't**].〉と言う。

例文 | Did | **he play** soccer yesterday?（彼はきのうサッカーをしましたか。）

　　— Yes, **he** | did |.（はい，しました。）

　　／ No, **he** | did not | [| didn't |].（いいえ，しませんでした。）

③ **否定文**:「～しませんでした。」と過去の動作・状態を打ち消すときは，動詞の前に **did not**[**didn't**]をおき〈**主語**+ **did not**[**didn't**]+**動詞の原形**～.〉で表す。

例文 **He** | did not | [| didn't |] **play** soccer.（彼はサッカーをしませんでした。）

> よくでる　**過去の時を表す語(句)**
> **yesterday**「きのう(の)」:yesterday morning「きのうの朝」
> **last ～**「この前の～」:last week「先週」，last Sunday「この前の日曜日」
> **～ ago**「～前に」:two years ago「2年前に」，three days ago「3日前に」

STEP
2
基本問題

テスト
5日前
から確認!

別冊解答 P.21

得点
／100点

1 ( )内から適する語を選び，○で囲みなさい。(10点×3)

(1) I (help, helped) my mother yesterday.

(2) Kumi (don't, doesn't, didn't) call me yesterday.

(3) (Do, Does, Did) you (visit, visited) Tom yesterday?

2 次の日本文に合う英文になるように，____に適する語を1つずつ書きなさい。(10点×3)

(1) 私は昨夜夕食のあとに本を読みました。

I _____ a book after dinner _____ night.

(2) 彼は 10 年前はここに住んでいませんでした。

He _____ live here ten years _____.

(3) あなたはきのう部屋を掃除しましたか。—— はい，しました。

_____ you _____ your room yesterday?

—— Yes, I _____.

3 次の英文の下線部を yesterday にかえて，過去の文に書きかえなさい。

(20点×2)

(1) I study math every day.

_____

(2) Yuka goes to the library every day.

_____

1
(1) yesterday「きのう」とあるので過去の文。規則動詞は語尾に ed をつけて過去形にする。

2
(2)(3) 過去の否定文，疑問文と答えの文には did を使う。

3
(1) study は規則動詞で過去形は studied。
(2) go は不規則動詞で過去形は went。

16
過去形①
—— 一般動詞の過去形 ——

得点アップ問題

1 次の（　）内の動詞を適する形に直しなさい。直す必要がなければそのまま書きなさい。

(4点×4)

(1) I _____ with my friends every day. （talk）

(2) My mother _____ *oden* for dinner yesterday. （make）

(3) Mike didn't know me. But he _____ Taro then. （know）

(4) Becky _____ a letter to her parents every week. （write）

(1)		(2)	
(3)		(4)	

2 次の対話文が成り立つように，_____に適する語を1つずつ書きなさい。(7点×4)

(1) Did Saeko enjoy this DVD yesterday?

　　—— No, she _____. She _____ that one.

(2) Did you try *judo* yesterday?

　　—— Yes, I _____. I _____ *kendo*, too.

(3) _____ did you run yesterday?

　　—— I _____ in the park.

(4) _____ did you come to Japan?

　　—— I _____ here last year.

(1)		
(2)		
(3)		
(4)		

3 次の涼子 (Ryoko)とサム(Sam)の対話文を読み，あとの問いに答えなさい。(計38点)

Ryoko : Hi, Sam. I （ ① ） to Kyoto on my *school trip last month.
Sam　 : Oh, really? I took a trip to Kyoto two years ago.
　　　　　It's a beautiful city and my favorite one.
Ryoko : In Kyoto, I （ ② ） many people from other countries.
　　　　　I （ ③ ） a very good time.
Sam　 : ④Did you take a lot of pictures?
Ryoko : Yes, I did. You can see them here.
Sam　 : Oh .... You have a nice *digital camera!
Ryoko : Thanks. I （ ⑤ ） it before the school trip. It's small and *light.
Sam　 : I want a new one, too.
Ryoko : It's very *useful. Let's see my pictures in it.
Sam　 : Yes, let's.

(注) school trip 修学旅行　　digital camera　デジタルカメラ　　light　軽い　　useful　役に立つ

(1) ①②③⑤の（ ）に適する動詞を〔 〕内から選び，適する形に直しなさい。(5点×4)
〔　buy　　give　　go　　have　　see　〕

(2) 下線部④の英文を日本文にしなさい。(6点)

難 (3) 本文の内容に合っているものには○，そうでないものには×を書きなさい。(4点×3)
　　ア　Sam visited Kyoto two years ago.
　　イ　Ryoko got a new digital camera in Kyoto.
　　ウ　Sam showed some pictures to Ryoko.

(1)	①		②	
	③		⑤	
(2)				
(3)	ア		イ		ウ	

4 次の質問に，自分自身の場合について英語で答えなさい。(9点×2)

よくでる (1) What did you do last Sunday?

(2) What time did you get up this morning?

| (1) | |
| (2) | |

1 電話をかける

Hello. This is Mike.（もしもし。マイクです。）
「もしもし」

Can I speak to Yumi?（ユミさんをお願いします。）── **Speaking.**（私です。）
Is Tom at home?（トムさんはいますか。）

2 道案内

Excuse me , **but where is the station?**（すみませんが，駅はどこですか。）

── Go straight .（まっすぐ行ってください。）

── **Turn right[left] at the next corner.**（次の角を右[左]に曲がってください。）

── **It's on your right[left].**（右[左]側にあります。）

3 買い物

Can I help you? （いらっしゃいませ。）── **I'm looking for a bag.**（かばんを探しています。）
How much is this?（これはいくらですか。）── **It's 2,000 yen.**（2,000 円です。）
How about this one?（こちらはいかがですか。）
── **Looks nice. I'll take it.**（すてきですね。それをください。）
── **It's beautiful, isn't it?**（きれいですね。）

4 感謝と謝罪の表現

① お礼を言う

Thank you.（ありがとう（ございます）。）── **You're welcome.**（どういたしまして。）
Thanks (for your e-mail).（（E メールを）ありがとう。）

② 謝る

I'm sorry.（ごめんなさい。）── **That's all right.**（だいじょうぶですよ。）
Sorry.（ごめんなさい。）── **It's OK.**（いいんですよ。）
Excuse me.（失礼。）

5 依頼

Can you **open the door?**（ドアを開けてくれますか。）── **Sure.**（いいですとも。）
Please help me. [Help me, please.]（手伝ってください。）
　　　　　　　　　　　── **Sorry, but I can't.**（すみませんが，できません。）

STEP
2 基本問題

テスト
5日前
から確認!

別冊解答 P.22

得点
／100点

1 次のようなとき英語でどのように言いますか。適するものをア〜エから選び，記号で答えなさい。(10点×4)

(1) 見知らぬ人に話しかけるとき。 ( )

(2) 相手にお礼を言われたとき。 ( )

(3) 家族にかかってきた電話を取り次ぐとき。 ( )

(4) 店で値段をたずねるとき。 ( )

ア　How much is this?　　イ　You're welcome.
ウ　Hold on, please.　　エ　Excuse me.

2 次の日本文に合う英文になるように，＿＿＿に適する語を1つずつ書きなさい。(10点×3)

(1) まっすぐ行ってください。

Go ＿＿＿＿＿＿.

(2) 手伝ってくれてありがとう。

＿＿＿＿＿＿ you ＿＿＿＿＿＿ your help.

(3) ケンさんをお願いします。—— 私です。

Can I ＿＿＿＿＿＿ ＿＿＿＿＿＿ Ken?

—— ＿＿＿＿＿＿.

3 次の英文を日本文にしなさい。(10点×3)

(1) Can I help you? （店で店員が客に言う）

(　　　　　　　　　　　　　　　　　　　)

(2) I'll take it. （店で客が店員に言う）

(　　　　　　　　　　　　　　　　　　　)

(3) Can you show your notebook to me?

(　　　　　　　　　　　　　　　　　　　)

1
(3)電話を取り次ぐときは「少しお待ちください。」と言う。
(4)値段をたずねるときの表現は How much 〜?。

2
(2)何に対するお礼なのかを言うときは for のあとにお礼の対象を続ける。

3
(3)〈Can you 〜?〉は，「〜してくれますか。」と依頼するときにも使われる表現。

17 会話表現

STEP
3
得点アップ問題

テスト
3日前
から確認!

別冊解答 P.22

得点

／100点

1 次の日本文に合う英文になるように，_____に適する語を1つずつ書きなさい。(7点×3)

(1) ごめんなさい。── いいんですよ。

_____ _____. ── That's _____ right.

(2) すみません，ケイトは今出かけています。

_____, but Kate _____ _____ now.

(3) この箱を開けてくれますか。── いいですよ。

_____ _____ open this box ? ── _____.

(1)			
(2)			
(3)			

2 次の日本文に合うように，(　)内の語句を並べかえて正しい英文を完成させなさい。ただし，文頭にくる語も小文字にしてあります。(7点×4)

よく
でる (1) ホワイト先生をお願いします。（電話で）

(to / I / Mr. White / can / speak)?

(2) 公園は右側にあります。

(your / park / on / is / right / the).

(3) 書店を左に曲がってください。

(left / bookstore / the / turn / at).

(4) ユキさんはいらっしゃいますか。（電話で）

(home / Yuki / is / at)?

(1)		?
(2)		.
(3)		.
(4)		?

3 アン (Ann)が買い物に行きました。お店でのアンと店員 (Clerk)との対話文を読み，あとの問いに答えなさい。(計33点)

Clerk : [　　①　　]

Ann　: I'm looking for a *T-shirt.

Clerk : ②(do / color / like / you / what)?

Ann　: Well ..., it's not for me. I want a T-shirt for my father. He likes blue.

Clerk : Well, how about this blue one?

Ann　: Looks very nice. [　　③　　]

Clerk : It's two thousand yen.

Ann　: Good. It's *reasonable, isn't it? [　　④　　]

Clerk : Thank you.

(注) T-shirt　T シャツ　　reasonable　手ごろな(値段の)

(1) ①③④の [　　] に適するものをア〜エから選び，記号で答えなさい。(5点×3)

　　ア　How much is it?　　　　　　イ　I'll take it.

　　ウ　Can I help you?　　　　　　エ　You're welcome.

(2) 下線部②が意味の通る英文になるように，(　)内の語を並べかえなさい。また，その英文を日本文にしなさい。(7点×2)

(3) 本文の内容に合うものを1つ選び，記号で答えなさい。(4点)

　　ア　Ann wanted a blue T-shirt for herself.

　　イ　Ann's father likes blue.

　　ウ　Ann bought a red T-shirt for her father.

(1)	①		③		④	
(2)						?
	日本文					
(3)						

4 次のようなとき英語でどのように言いますか。(　)内の語を使って英文で書きなさい。

(9点×2)

(1) 町で通りすがりの人に，図書館がどこかとたずねるとき。　(but)

(2) 相手に，絵葉書をありがとうとお礼を言うとき。　(postcard)

(1)	
(2)	

18 接続詞・前置詞

STEP 1 要点チェック

テスト
1週間前
から確認!

1 接続詞

語と語，語句と語句，文と文を**つなぐ語**を接続詞という。

① **and**：「～と…」「～そして…」の意味を表す。語句と語句，文と文をつなぐ。

> 例文　I get up early ┃ and ┃ run in the park.（私は早く起きて，公園で走ります。）

② **but**：反対の意味の文と文をつないで「しかし」「けれども」「～だが…」の意味を表す。

> 例文　I <u>play</u> soccer, ┃ but ┃ I <u>don't play</u> tennis.
> ←――― 反対の意味 ―――→
> 　　　　　　　　　　　　　（私はサッカーをしますが，テニスはしません。）

③ **so**：原因・理由を表す文と結果を表す文をつなぎ，「それで」「だから」の意味を表す。

> 例文　I am busy, ┃ so ┃ I can't help you.（私は忙しいので，あなたを手伝えません。）
> 原因・理由を表す文。―だから→ 結果を表す文。

④ **or**：語と語，語句と語句をつなぎ「～か…」「～か，あるいは…」の意味を表す。

> 例文　Is this a dog ┃ or ┃ a cat?（これは犬ですか，それともネコですか。）
> or の前は上げ調子(ﾉ)，後ろは下げ調子(ﾉ)で読む。

2 〈場所〉と〈時〉を表す前置詞

名詞や代名詞の前について，〈場所〉や〈時〉などを表す語句をつくる語を前置詞という。

① **場所を表す前置詞**：**in**「～(の中)に[で]」，**on**「～(の上)に[で]」，**under**「～の下に[で]」，
　　　　　　　　　　　near「～の近くに[で]」，**by**「～のそばに[で]」，**from**「～から」，
　　　　　　　　　　　to「～へ[に]」など。

② **時を表す前置詞**：**at**「(時刻)に」，**in**「(季節・年・月)に」，**on**「(曜日・日)に」，
　　　　　　　　　　before「～の前に」，**after**「～のあとに」，**for**「～の間」など。

> 例文　I play soccer ┃ on ┃ Sundays.（私は日曜日にサッカーをします。）

3 いろいろな前置詞

① **手段・方法を表す前置詞**：**with**「(道具)で」，**in**「(言語)で」，**by**「(交通手段)で」，
　　　　　　　　　　　　　　on「(テレビ・電話)で」

② **関連を表す前置詞**：**about**「～について」，**of**「～の」

③ **その他の前置詞**：**with**「～といっしょに」，**for**「～のための[に]」

STEP 2 基本問題

---

1 次の英文を日本文にしなさい。(9点×2)

(1) I want a camera or a computer.

　　私は（ 　　　　　　　　　　　　　　　　　 ）。

(2) He lives by the sea.

　　彼は（ 　　　　　　　　　　　　　　　　　 ）。

2 ( )内から適する語を選び，○で囲みなさい。(10点×4)

(1) I like English, (but, so) I don't speak it well.

(2) I do my homework (by, with) a computer.

(3) We don't have school (in, on) August.

(4) Are you from Canada (or, and) America?

3 次の日本文に合うように，( )内の語を並べかえて正しい英文を完成
させなさい。(14点×3)

(1) ビル(Bill)とリサ(Lisa)は木の下にいます。
(and / under / are / Bill / Lisa) the tree.

_____ the tree.

(2) マイクは 2010 年に日本に来ました。
Mike (to / came / 2010 / in / Japan).

Mike _____.

(3) 私は彼と日本語で話します。
(with / in / talk / him / I) Japanese.

_____ Japanese.

1
(1)or は「〜か，あるいは…」の意味。

2
(3)「月」の前につく「〜に」は in。

3
(3)「〜語で」は〈in ＋言語名〉。

18 接続詞・前置詞

1 次の日本文に合う英文になるように，＿＿＿＿に適する語を1つずつ書きなさい。(7点×3)

(1) 私はサッカー部の部員ですが，サッカーがじょうずではありません。

I am a member ＿＿＿＿＿ a soccer team, ＿＿＿＿＿ I don't play it well.

(2) ケンは朝食の前と夕食のあとに勉強します。

Ken studies ＿＿＿＿＿ breakfast ＿＿＿＿＿ ＿＿＿＿＿ dinner.

(3) あなたはここへ車で来ましたか，電車で来ましたか。

Did you come here ＿＿＿＿＿ car ＿＿＿＿＿ ＿＿＿＿＿ train?

(1)			
(2)			
(3)			

2 次の日本文に合うように，（　）内の語句を並べかえて正しい英文を完成させなさい。ただし，文頭にくる語も小文字にしてあります。(7点×4)

(1) 私はテレビで動物たちについての映画を見ました。

(a movie / watched / on / about / I / animals) TV.

よく
でる (2) 彼らは京都に3日間滞在しました。

(in / for / stayed / they / three days / Kyoto).

(3) 母はクリスマスに私たちのためにケーキを作ってくれます。

(makes / us / on / for / a cake / my mother) Christmas.

(4) 私はきのう，川で泳ぎませんでした。

I (swim / the river / not / in / did) yesterday.

(1)		TV.
(2)		.
(3)		Christmas.
(4)	I	yesterday.

3 次の綾香 (Ayaka)とケリー (Kelly)の対話文を読み，あとの問いに答えなさい。(計35点)

Ayaka : Do you like Japanese food, Kelly?

Kelly : Yes. I like *sushi* and *miso* soup ..., but I don't like *natto*.
How about you?

Ayaka : *So so. My mother has it every day.
She always says, "*Natto* is good （　①　）*health.*"

Kelly : My favorite Japanese food is *okonomiyaki*.
I sometimes make it （　②　）my mother.

Ayaka : I like it, too. My parents are （　③　）Osaka, and they love it.

Kelly : Is it *popular （　④　）Osaka?

Ayaka : Yes, it is. My mother can make it very well.

Kelly : Really?

Ayaka : OK. Let's have an *okonomiyaki* party.
⑤Can you come to my house next Saturday?

Kelly : Oh, sure. I can't wait!

(注) so so　まあまあ　　health 健康　　popular　人気がある

(1) ①～④の（　）に適するものをア～エから選び，記号で答えなさい。同じものは二度使えません。(4点×4)

ア　in　　イ　for　　ウ　from　　エ　with

(2) 下線部⑤の英文を日本文にしなさい。(7点)

(3) 本文の内容に合っているものには○，そうでないものには×を書きなさい。(4点×3)

ア　ケリーは日本の食べ物は好きだけれど納豆は好きではない。

イ　ケリーはお好み焼きが好きだが，それを作ったことはない。

ウ　綾香のお母さんは，納豆は好きだがお好み焼きは好きではない。

(1)	①		②		③		④	
(2)								
(3)	ア		イ		ウ			

4 次のようなとき英語でどのように言いますか。（　）内の語を使って英文で書きなさい。

(8点×2)

(1) 自分は，料理は好きだが洗濯は好きではないと言うとき。　　（ cooking, washing ）

(2) 相手に，朝食にはご飯かパンのどちらを食べるかをたずねるとき。　　（ rice, bread ）

(1)	
(2)	

定期テスト予想問題

別冊解答 P.24

目標時間	得点
45分	／100点

❶ 次の日本文に合う英文になるように，（ ）内から適する語を選び，記号で答えなさい。(4点×4)

(1) メグをお願いします。
Can I（ ア tell イ want ウ speak エ say ）to Meg?

(2) 私たちは日曜日にサッカーを練習します。
We practice soccer（ ア on イ at ウ by エ in ）Sundays.

(3) 私は祭りでたくさんの写真を撮りました。
I（ ア take イ takes ウ took エ taking ）many pictures at the festival.

(4) あれは図書館ですか，それとも博物館ですか。
Is that a library（ ア and イ or ウ but エ so ）a museum?

(1)		(2)		(3)	
(4)					

❷ 次の日本文に合うように，（ ）内の語句を並べかえて正しい英文を完成させなさい。ただし，文頭にくる語も小文字で示してあります。(6点×4)

(1) 昼食を作ってくれますか。 （ lunch / you / make / can ）?

(2) あなたは昨夜，何を食べましたか。 （ did / eat / night / what / last / you ）?

(3) 私の母はきのう，テレビを見ませんでした。
（ TV / not / my mother / watch / did ）yesterday.

(4) トムと私は先週，映画を見ました。 （ movie / saw / Tom / and / a / I ）last week.

(1)		?
(2)		?
(3)		yesterday.
(4)		last week.

❸ 次の真由子 (Mayuko) の日記を読んで，あとの問いに答えなさい。(計40点)

　　　　Mayuko is a junior high school student.　She lives near a *community center.　Children in this town come and play there on Sundays.　This is her *diary.

> March 25
>
> 　　Today I ①(go) to the community center and worked as a *volunteer.　I played with the children and ②(read) a book to them.　They *looked happy.　I finished the work at about twelve.
>
> 　　I got home and had lunch with my mother.　After lunch we talked about the work.　I said, "I did something for other people, and I'm happy now."　And she said, "That's wonderful. You really enjoyed the work, right?　I'm happy, too."
>
> 　　③I (a / good / had / time / very) today.

(注) community center　公民館　　diary　日記　　volunteer　ボランティア　　look(ed) happy　楽しそうだ(った)

(1) ①②の（　）内の語を適する形に直しなさい。直す必要のないものはそのまま書きなさい。
(5点×2)

(2) 下線部③が意味の通る英文になるように，（　）内の語を並べかえなさい。(6点)

(3) 真由子は公民館でボランティアとして何をしましたか。日本語で2つ書きなさい。(5点×2)

(4) 本文の内容について，次の問いに英語で答えなさい。(7点×2)

(a)　What time did Mayuko finish her volunteer work?

(b)　What did Mayuko do after lunch?

(1)	①		②	
(2)	I			today.
(3)				
(4)	(a)			
	(b)			

❹ 次のようなとき英語でどのように言いますか。英文で書きなさい。(10点×2)

(1) 相手に，先週は何冊か本を読んだかとたずねるとき。

(2) 自分は今朝，朝食を食べなかったと言うとき。

(1)	
(2)	

19 過去形②
― be 動詞の過去形 ―

STEP 1　要点チェック

テスト
1週間前
から確認!

1 be 動詞の過去の文

① **意味**：「…は～だった。」 主語について過去の状態や性質を説明する。

② **基本形**：〈**主語** + **be 動詞**(was, were) ~.〉 be 動詞 am，are，is を過去形にする。主語によって **was** と **were** を使い分ける。

ポイント be 動詞の過去形は，am と is は was ，are は were になる。

主語　　　　　　時制	現在	過去
I（1人称単数）	am	(①　　　　　)
I と you 以外のすべての単数（3人称単数）	is	
you（2人称）とすべての複数	are	(②　　　　　)

例文 **I was** busy yesterday. （**私はきのう忙しかったです。**）

例文 **They were** in Osaka two days ago. （**彼らは 2 日前大阪にいました。**）

2 be 動詞（過去）の疑問文と答え方

① **疑問文**：「～でしたか。」とたずねるときは，**was**[**were**]を主語の前に出し〈**Was**[**Were**] + **主語** ~?〉で表す。文末は上げ調子(↗)で読む。

② **答え方**：答えるときも **was**[**were**]を使い，Yes の場合は〈Yes, **主語** + **was**[**were**].〉，No の場合は〈No, **主語** + **was**[**were**] **not**[**wasn't**，**weren't**].〉と言う。

例文 Were **you** busy yesterday? （**あなたはきのう忙しかったですか。**）

　　― Yes, **I** was . （**はい，忙しかったです。**）

　　／ No, **I** was not [wasn't]. （**いいえ，忙しくありませんでした。**）

③ **疑問詞で始まる疑問文**：疑問詞を文の最初におき，〈**be 動詞** + **主語**~?〉の疑問文を続ける。答えるときは Yes, No ではなく，**たずねられていることを具体的に答える。**

例文 Where **were you** yesterday? （**あなたはきのうどこにいましたか。**）

　　― **I was at home.** （**私は家にいました。**）

3 be 動詞（過去）の否定文

「…は～ではありませんでした。」と打ち消すときは，**was**[**were**]のあとに **not** をおき，〈**主語** + **was**[**were**] **not**[**wasn't**，**weren't**] ~.〉で表す。

例文 **I** was not [wasn't] busy yesterday.（**私はきのう忙しくありませんでした。**）

STEP
2
基本問題

テスト
5日前
から確認!

別冊解答 P.25

得点

／100点

1 （　）内から適する語を選び，〇で囲みなさい。(10点×4)

(1) I (am, was) at school now.

(2) The students (was, were) in Class 1A last year.

(3) (Was, Were) you tired yesterday?
　── No, I (wasn't, weren't).

(4) My mother (was, were) a teacher twenty years ago.

2 次の英文を日本文にしなさい。(15点×2)

(1) Where were you last night?

あなたは昨夜 (　　　　　　　　　　　　　　　　　　　)。

(2) Mike was not free last Saturday.

マイクはこの前の土曜日 (　　　　　　　　　　　　　　)。

3 次の英文を（　）内の指示に従って書きかえるとき，＿＿＿に適する語
を1つずつ書きなさい。(10点×3)

(1) I was a tennis player then. （主語を We にかえて）

→ We ＿＿＿＿＿＿ tennis players then.

(2) It is cold today. （下線部を yesterday にかえて）

→ It ＿＿＿＿＿＿ cold yesterday.

(3) You were in the park one hour ago. （疑問文に）

→ ＿＿＿＿＿＿ ＿＿＿＿＿＿ in the park one hour ago?

1
(2)主語が複数のときの
be 動詞の過去形は were。
(4)主語が3人称単数のと
きの be 動詞の過去形は
was。

2
(1) Where で場所をたず
ねている。ここでは be 動
詞は存在を表す「ある，い
る」の意味。

3
(3)現在の文と同様，過去
の文でも疑問文は be 動詞
を主語の前に出す。〈be 動
詞＋主語～？〉の語順にす
る。

19
過去形②
―be動詞の過去形―

1 次の日本文に合う英文になるように，＿＿＿＿に適する語を1つずつ書きなさい。(5点×4)

(1) 私はきのうの朝学校に遅刻しました。

I ＿＿＿＿ late for school ＿＿＿＿ morning.

(2) ケンとアキラは今朝，教室にいませんでした。

Ken and Akira ＿＿＿＿ in the classroom this morning.

(3) あなたは 30 年前野球の選手でしたか。

＿＿＿＿ you a baseball player thirty years ＿＿＿＿?

(4) この前の金曜日のパーティーはどうでしたか？

＿＿＿＿ ＿＿＿＿ the party last Friday?

(1)		
(2)		
(3)		
(4)		

2 次の英文を( )内の指示に従って書きかえなさい。(7点×3)

(1) He was a soccer fan. （主語を They にかえて）

よく
でる (2) Jim and Tom are in Osaka. （two days ago を加えて過去の文に）

(3) This DVD was interesting. （否定文に）

(1)	
(2)	
(3)	

3 次の真衣 (Mai) とアンディ (Andy) の対話文を読み，あとの問いに答えなさい。(計45点)

Mai　: Hi, Andy.　*Welcome to Fukuoka.

Andy : Hi, Mai.　Nice to see you again.

Mai　: Nice to see you again, too.

　　　 How（　①　）your trip from Tokyo to Fukuoka?

Andy : I enjoyed it very much.

Mai　: That's good.　How long（　②　）you on the train?

Andy : For about five hours.　I read a book and listened to music.

Mai　:（　③　）you *tired now?

Andy : No, I'm not.　I *slept a lot on the train, too.

Mai　: I see.　It was rainy here yesterday, but it's sunny and warm today.

　　　 Let's *go around the city!

Andy : Sure.　Let's go!

(注) Welcome to ～.　～へようこそ。　　tired　疲れている　　slept　sleep(眠る)の過去形
　　go around ～　～をあちこち見て回る

(1)　①～③の（　）に適する be 動詞を書きなさい。(5点×3)

(2)　本文の内容について，次の問いに英語で答えなさい。(9点)

　　 How was the weather in Fukuoka yesterday?

(3)　アンディは電車の中で何をしましたか。日本語で3つ書きなさい。(7点×3)

(1)	①		②		③	
(2)						
(3)						

4 次のようなとき英語でどのように言いますか。英文で書きなさい。(7点×2)

(1)　相手に，きのうは自分の誕生日だったと伝えるとき。

よく
でる　(2)　相手に，先週の日曜日はどこにいたかとたずねるとき。

(1)	
(2)	

20 過去形③
― 過去進行形 ―

STEP 1 要点チェック

テスト1週間前から確認！

1 過去進行形の文

① 意味：「～していた。」「～しているところだった。」と，過去のある時点で進行していた動作を表す。〈**was**[**were**]＋動詞の **-ing** 形〉で表し，was, were は主語によって使い分ける。

例文 I **am reading** a book now.（私は今，本を読んでいます。）
現在進行形

I was reading a book at six yesterday.（私はきのうの6時に本を読んでいました。）
be 動詞の過去形 was, were のあとに動詞の -ing 形を続けると，過去進行形になる。

② 過去の一時点を表す語句：

例 then, at that time「そのとき」，〈at ＋時刻〉「～時に」，at noon「正午に」

2 過去進行形の疑問文と答えの文 **おぼえる！**

① 疑問文と答え方：「～していましたか。」とたずねるときは，was, were を主語の前に出し，〈**Was**[**Were**]＋**主語**＋動詞の **-ing** 形～?〉とする。答えるときは，Yes, No のあとに was, were を使う。

例文 **Amy was cooking** dinner.（エイミーは夕食を作っていました。）
was, were を主語の前に出す。

Was **Amy** cooking dinner?（エイミーは夕食を作っていましたか。）

―― Yes, she was .（はい，作っていました。）

No, she was not ［ wasn't ］.（いいえ，作っていませんでした。）

② 疑問詞で始まる疑問文：疑問詞のあとは疑問文の語順で，〈**疑問詞**＋**was**[**were**]＋**主語**＋動詞の **-ing** 形～?〉となる。Yes, No ではなく具体的に答える。

例文 **What were you doing** at noon?（あなたは正午に何をしていましたか。）
疑問詞　　疑問文の語順

―― I **was eating** lunch.（私は昼食を食べていました。）
過去進行形　　　　　　　具体的な答え

3 過去進行形の否定文 **おぼえる！**

「～していなかった。」を表すときは，was, were のあとに not をおき，〈**主語**＋**was**[**were**] **not**＋動詞の **-ing** 形～.〉とする。was not は wasn't ，were not は weren't と短縮できる。

例文 **Hiroto was** ☐ **playing** tennis.（ヒロトはテニスをしていました。）
was, were のすぐあとに not をおく。

Hiroto was not playing tennis.（ヒロトはテニスをしていませんでした。）
wasn't

1 次の日本文に合う英文になるように，（　）内から適する語を選び，○で囲みなさい。（10点×4）

(1) リサはそのとき歌を歌っていました。
Lisa (is, was, were) singing a song at that time.

(2) 彼らはそのときサッカーをしていませんでした。
They weren't (play, played, playing) soccer then.

(3) あなたのネコは眠っていましたか。
(Were, Was, Did) your cats sleeping?

(4) あなたたちは何を探していましたか。
What (are, did, were) you looking for?

2 次の英文を過去進行形の文に書きかえるとき，_____ に適する語を書きなさい。（10点×3）

(1) We are practicing *kendo* now.

We _____ _____ *kendo* then.

(2) Is your sister studying English?

_____ your sister _____ English?

(3) Koji didn't run in the park.

Koji _____ _____ in the park.

3 次の日本文を，（　）内の語を使って英文で書きなさい。（10点×3）

(1) 私はこのコンピュータを使っていました。(was)

_____

(2) 私たちはそのとき料理をしていませんでした。(weren't, then)

_____

(3) だれがこの部屋を掃除していましたか。(cleaning)

_____

1
(3) 直後の主語の数にも注意する。
(4) あとに動詞の-ing形が続くので進行形。

2
(3) 空所の数から，was not の短縮形を使う。

3
(3) 「だれが」をたずねるので疑問詞 who を使う。

得点アップ問題

1 次の動詞の-ing形を書きなさい。(4点×4)

(1) teach　　　　(2) shop　　　　(3) study　　　　(4) make

(1)		(2)		(3)		(4)	

2 次の日本文に合う英文になるように，_____に適する語を1つずつ書きなさい。(5点×4)

(1) あなたたちは正午に昼ご飯を食べていましたか。

　　_____ _____ having lunch at noon?

(2) 私はそのとき写真を撮っていました。

　　I _____ _____ pictures at that time.

(3) ユカは3時にピアノをひいていませんでした。

　　Yuka _____ _____ the piano at three o'clock.

よく
でる (4) あなたのお母さんはそのとき何をしていましたか。

　　_____ _____ your mother doing then?

(1)		(2)	
(3)		(4)	

3 右の表は，トム (Tom) が先週の日曜日にしたことを表しています。次の質問に英語で答えるとき，_____に適する語を1つずつ書きなさい。(5点×3)

(1) Was Tom practicing *judo* at eleven?

　　── _____, he _____.

(2) Was Tom having lunch at two?

　　── _____, he _____.

(3) What was Tom doing at five?

　　── He _____ _____ his father.

時刻	したこと
10:00 ～ 12:00	柔道の練習
12:00	昼食
2:00 ～ 4:00	テレビ
4:00 ～ 5:30	父の手伝い

(1)		(2)	
(3)			

4 次の日本文に合う英文になるように，（　）内の語句を並べかえなさい。ただし，不足する1語を補うこと。文頭にくる語も小文字で示してあります。(6点×2)

(1) 私たちはそのとき宿題をしていませんでした。(not / we / our homework / doing) then.

(2) リョウは教室のどこにすわっていましたか。(in / was / where / Ryo) the classroom?

(1)	then.
(2)	the classroom?

5 次のトム (Tom) とエリ (Eri) の対話文を読み，あとの問いに答えなさい。(計25点)

Tom：I went to the park around ten yesterday. I saw Yuki and Bill there.
Eri　：①What were they doing then?
Tom：Yuki was ②(run) with her dog.
Eri　：I know her dog very well. How about Bill?
Tom：③(彼はそのとき絵を描いていました。) It was nice.

(1) 下線部①の英文を，thenが指す内容を明らかにして日本文にしなさい。(5点)

(2) ②の（　）内の語を適切な形に直しなさい。(4点)

(3) ③の（　）内の日本文を英文にしなさい。ただし，paint，thenを使いなさい。(6点)

(4) 本文の内容に合うものには○，合わないものには×を書きなさい。(5点×2)
　(a) エリは公園でユキとビルに会った。
　(b) ユキは犬といっしょに走っていた。

(1)		(2)	
(3)		(4) (a)	(b)

6 次の絵はきのうの4時の放課後の様子です。この絵の中の人物が，そのときに何をしていたのかを表す英文を2文書きなさい。(6点×2)

21 There is[are] 〜. 構文

STEP 1 要点チェック

1 There is[are] 〜. の文

① **There is[are]** 〜. の形で「〜がある，〜がいる」と，不特定のものや人の存在を表すこと
└a[an] 〜, some[any] 〜など
ができる。be 動詞のあとに続く主語が**単数**の場合は **is**，**複数**の場合は **are** を使う。
└意味上の主語

例文 | There is | **a cat** under the table.（テーブルの下にネコが1匹います。）
単数

　　 | There are | **two cats** under the table.（テーブルの下にネコが2匹います。）
複数

② **There is[are]** 〜. の文では，**the**，**my**，**that** などがついて特定されたものや人を主語にす
ることはできない。

③ 「〜があった，〜がいた」と過去を表す場合は，be 動詞を過去形にして，**There was[were]** 〜.
とする。

例文 | There were | **many books** on the desk.（机の上にたくさんの本がありました。）

2 There is[are] 〜. の疑問文と答えの文 おぼえる!

① **疑問文と答え方**:「〜がありますか，〜がいますか」とたずねるときは，**Is[Are] there** 〜?
└is[are] を there の前に出す
とする。答えるときは，there is[isn't] 〜，there are[aren't] 〜を使う。

例文 | Is there | **a post office** near here?（この近くに**郵便局**がありますか。）
　　 — Yes, **there** is.（はい，あります。）
　　　 No, **there** is not[isn't].（いいえ，ありません。）

② **数をたずねる疑問文**:「〜がいくつありますか」と，具体的な数をたずねるときは〈**How
many** ＋名詞の複数形＋ **are there** 〜?〉の形を使う。There is[are] 〜. を使って具体的
に答える。

例文 **How many CDs** are there in this room?（この部屋には **CD** が何枚ありますか。）
　　疑問詞　　　　複数形　疑問文の語順
　　 — **There are** five (CDs in this room).((この部屋には)5枚(の CD が)あります。)
　　　　　　　　　　　　　　　　　　　　　　　　　└具体的な答え

3 There is[are] 〜. の否定文 おぼえる!

① 「〜がない，〜がいない」は，**is[are]**のあとに **not** をおいて，**There is[are] not** 〜. とする。
例文 **There are** not **any students** in the classroom.（教室には**生徒**が1人もいません。）

② 形容詞 **no** を主語の前において，**There is[are] no** 〜.「少しの〜もない」と表すこともできる。

例文 **There are** | no | **pictures** on the wall.（かべには**写真**はまったくありません。）
形容詞「少しの〜もない」→ no のあとの数えられる名詞は単数形を使うこともできる。

STEP 2 基本問題

得点 ／100点

---

1 次の絵を見て，「～に…がある [いる]」という文を完成させなさい。

(10点×4)

(1)　　　　(2)　　　　(3)　　　　(4)

  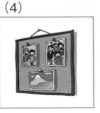

(1) _____ _____ a racket _____ the bag.

(2) _____ _____ a coat _____ the door.

(3) _____ _____ two cats _____ the table.

(4) _____ _____ three photos _____ the board.

2 次の日本文に合う英文になるように，_____ に適する語を1つずつ書きなさい。（12点×2）

(1) その村にはレストランが1軒もありませんでした。

_____ _____ no restaurants in the village.

(2) この近くに銀行はありますか。―― いいえ，ありません。

Is there a bank near here? ―― No, _____ _____ .

3 次の英文を（　）内の指示に従って書きかえなさい。（12点×3）

(1) There is <u>a</u> notebook on the desk.　（下線部を five にかえて）

_____

(2) There is a museum in my city.　（否定文に）

_____

(3) There are many people on the street.　（疑問文に）

_____

---

1 前置詞の使い分けに注意。
(2)「～のそばに」＝ by
(4) on は「～の上に」の意味だけでなく，接した状態全般に使う。

2 (1) 過去の文であることに注意。

3 (1) 名詞を複数形にすること。
(2) be動詞を否定形にする。「1つもない」と考えて，noを使ってもよい。

21 There is[are] ～. 構文

STEP
3
得点アップ問題

テスト
3日前
から確認!

別冊解答 P.28

得点

／100点

1 （　）内から適する語句を選び，記号で答えなさい。(3点×4)

(1) There（ ア　am　 イ　is　 ウ　are ）many people in the park.

(2) There（ ア　is　 イ　was　 ウ　were ）an amusement park near the lake before.

(3) There is（ ア　a　 イ　two　 ウ　my ）computer on the desk.

(4) There aren't（ ア　any water　 イ　any people　 ウ　a child ）in the pool.

(1)		(2)		(3)		(4)	

2 次の各組の英文がほぼ同じ内容を表すように，＿＿＿＿に適する語を1つずつ書きなさい。

よく
でる

(1) ⎰ This February has twenty-nine days.　　　　　　　　　　　(4点×4)
　　⎱ ＿＿＿＿＿ ＿＿＿＿＿ twenty-nine days this February.

(2) ⎰ Does your city have a baseball stadium?
　　⎱ ＿＿＿＿＿ ＿＿＿＿＿ a baseball stadium in your city?

(3) ⎰ How many clubs does your school have?
　　⎱ How many clubs are ＿＿＿＿＿ ＿＿＿＿＿ your school?

難

(4) ⎰ There aren't any students in the gym.
　　⎱ There ＿＿＿＿＿ ＿＿＿＿＿ students in the gym.

(1)		(2)	
(3)		(4)	

3 右の絵を見て，次の質問に3語の英語で
答えなさい。(8点×2)

(1) Is there a bike under the tree?

(2) How many children are there in
this picture?

(1)	
(2)	

4 次の日本文に合う英文になるように，（　）内の語句を並べかえなさい。ただし，文頭にくる語も小文字で示してあります。(6点×3)

(1) 山には雪がたくさんあります。(much / is / there / on / snow) the mountains.

(2) この動物園にコアラはいません。(in / any / aren't / koalas / there) this zoo.

(3) そこに英語の本はありますか。(there / English books / there / are / any)?

(1)		the mountains.
(2)		this zoo.
(3)		?

5 次の女の子 (A girl) とサヤカ (Sayaka) の対話文を読み，あとの問いに答えなさい。(計18点)

A girl　：Excuse me. ①Is there a bus stop near here?
Sayaka：②Well, (bus stop / is / no / there) around here.
A girl　：Then, how can I get to the station?
Sayaka：You can walk there. Why don't you come with me?
A girl　：③Thank you.

(1) 下線部①の英文を日本文にしなさい。(5点)

(2) 下線部②が意味の通る英文になるように，（　）内の語句を並べかえなさい。(5点)

(3) 女の子が下線部③のように言った理由を日本語で答えなさい。(8点)

(1)	
(2)	Well, around here.
(3)	

6 次のようなとき英語でどのように言いますか。（　）内の語を使って英文で書きなさい。

(10点×2)

(1) 自分の町について，有名な公園が1つあると紹介するとき。(there, city)

難(2) 相手の学校に生徒が何人いるか質問するとき。(there, in)

(1)	
(2)	

定期テスト予想問題

別冊解答 P.29 ｜ 目標時間 **45**分 ｜ 得点 ／100点

❶ 次の日本文に合う英文になるように，＿＿＿＿に適する語を1つずつ書きなさい。(6点×4)

(1) 私の町には書店があります。

＿＿＿＿＿＿ ＿＿＿＿＿＿ a bookstore in my town.

(2) 私はそのとき，幸せではありませんでした。

I ＿＿＿＿＿＿ ＿＿＿＿＿＿ happy at that time.

(3) 私の姉はそのとき，宿題をしていました。

My sister ＿＿＿＿＿＿ ＿＿＿＿＿＿ her homework then.

(4) 公園にネコがいましたか。

＿＿＿＿＿＿ ＿＿＿＿＿＿ a cat in the park?

(1)		
(2)		
(3)		
(4)		

❷ 次の日本文に合うように，（ ）内の語を並べかえて正しい英文を完成させなさい。ただし，文頭にくる語も小文字で示してあります。(7点×3)

難 (1) その箱にはペンが1本もありません。

(pens / not / there / any / are) in the box.

(2) あなたは昨夜8時に数学を勉強していましたか。

(math / you / studying / were) at eight last night?

(3) その部屋には机がいくつありますか。

(many / are / how / there / desks) in the room?

(1)		in the box.
(2)		at eight last night?
(3)		in the room?

❸ 次の絵美 (Emi) とケビン (Kevin) の対話文を読み，あとの問いに答えなさい。(計39点)

Emi　：I called you at two yesterday. You didn't answer. What were you doing?

Kevin：Sorry. I ①(isn't) at home then. I was looking at animals.

Emi　：Looking at animals?

Kevin：Yes. I went to a zoo with my family yesterday. ②There were many kinds of animals.

Emi　：That's nice. Do you like animals?

Kevin：Yes. I like koalas. I ③(see) them at the zoo yesterday.

Emi　：④(were / koalas / how / there / many)?

Kevin：There were about ten.

Emi　：What were they doing?

Kevin：They were ⑤(eat) *leaves on a tree. They were cute.

　　(注) leaves　leaf(葉)の複数形

(1) ①，③，⑤の(　　)内の語を適する形に直しなさい。直す必要のないものはそのまま書きなさい。(5点×3)

(2) 下線部②の英文を日本文にしなさい。(6点)

(3) 下線部④が意味の通る英文になるように，(　)内の語を並べかえなさい。(6点)

(4) 本文の内容に合うように，次の質問に3語以上の英文で答えなさい。(6点×2)

　(a)　Where was Kevin at two yesterday?

　(b)　Were there any koalas at the zoo?

(1)	①		③		⑤	
(2)						
(3)						?
(4)	(a)					
	(b)					

❹ 次のようなとき英語でどのように言いますか。(　)内の語を使って英文で書きなさい。

(8点×2)

(1) 相手に，私はそのとき，公園で走っていましたと伝えるとき。　(then)

(2) 相手に，あなたのクラスには何人の生徒がいるかとたずねるとき。　(there)

(1)	
(2)	

不規則動詞の変化表

原形	主な意味	3人称単数現在形 (-s, -es がつく形)	進行形 (-ing がつく形)	過去形 (不規則に変化)
come	来る	comes	coming	came
do	〜をする	does	doing	did
eat	〜を食べる	eats	eating	ate
get	〜を手に入れる	gets	getting	got
go	行く	goes	going	went
have	〜を持っている， 〜を食べる	has	having	had
know	〜を知っている	knows	knowing	knew
make	〜をつくる	makes	making	made
meet	〜に会う	meets	meeting	met
read [riːd]	〜を読む	reads	reading	read [red]
run	走る	runs	running	ran
say	〜を言う	says [sez]	saying	said [sed]
see	〜を見る，〜に会う	sees	seeing	saw
speak	〜を話す	speaks	speaking	spoke
stand	立つ	stands	standing	stood
swim	泳ぐ	swims	swimming	swam
take	(写真)を撮る， 〜に乗る	takes	taking	took
teach	〜を教える	teaches	teaching	taught
think	〜と思う，考える	thinks	thinking	thought
write	〜を書く	writes	writing	wrote

1 アルファベット

STEP 2 基本問題　　　　　　　　　　本冊 P.7

1 (1) b　(2) e　(3) m　(4) G
　(5) L　(6) U

2 (1) CDEFG
　(2) LMNOP
　(3) hijkl
　(4) uvwxy

解説

1 (1) Bの小文字はb。Dの小文字dと似ているので注意する。
(2) Eの小文字はe。大文字と小文字で形が異なるので，注意する。
(3) Mの小文字はm。Nの小文字nと似ているので，注意する。
(4) gの大文字はG。大文字と小文字で形が異なるので，注意する。
(5) lの大文字はL。Iやiと似ているので，きちんと区別して覚える。
(6) uの大文字はU。微妙に形が異なるので，きちんと書けるようにする。

2 アルファベットA～Z (a～z)の順番をきちんと覚える。

2 単語と発音

STEP 2 基本問題　　　　　　　　　　本冊 P.10

1 (1) u　(2) e
2 (1) lion　(2) seat　(3) cake　(4) city
3 (1) ×　(2) ○

解説

1 (1) cup[kʌp]
(2) evening[íːvniŋ]

2 (1) fish[fiʃ]，lion[láiən]，milk[milk]
(2) desk[desk]，weather[wéðər]，seat[siːt]
(3) cat[kæt]，cake[keik]，bag[bæg]
(4) city[síti]，cap[kæp]，car[kɑːr]

1 (1) オ　(2) ア　(3) ウ

2 (1) Monday　(2) Thursday
　　(3) Sunday

3 (1) five　(2) twelve　(3) white
　　(4) green

解説

1 (1) January「1月」から始まっているので，「2月」
February が適切。
(2) 次に August「8月」，September「9月」と続
いていることから，「7月」July が適切。June「6月」
と似ているので，注意する。
(3) October「10月」から始まっているので，「11月」
November が適切。

2 (1) 空所の次が Tuesday「火曜日」となっているこ
とから，「月曜日」Monday が適切。
(2)「木曜日」は Thursday。
(3)「日曜日」は Sunday。

3 (1) 数字の「5」は five で表す。
(2) 数字の「12」は twelve で表す。
(3)「白」は white。
(4)「緑」は green。
fifteen は数字の「15」，blue は「青」。

---

3 あいさつ・授業で使う英語

1 (1) Hi　(2) Fine　(3) See

2 (1) オ　(2) ア　(3) イ　(4) エ

3 (1) Good　(2) How　(3) Nice

解説

1 (1) Hi. は友だちや親しい人に対して使うあいさつ。
(2)「元気？」と聞かれていることから，「元気だよ，
ありがとう。」と答える文を作る。Fine, thank you.
(3)「さようなら，ジム。」とあることから，別れの場
面だとわかる。See you.「またね。」

2 (1)「こんにちは。」は Hello. で表す。
(2)「座りなさい。」は Sit down. で表す。
(3)「～です。」などの自己紹介は〈**I'm ＋自分の名前 .**〉
で表す。他には〈My name is ～.〉「私の名前は～で
す。」でも言うことができる。
(4)「ありがとうございます。」は Thank you. で表す。

3 (1)「おはようございます。」は午前中に使う表現で，
Good morning. と言う。
(2)「元気ですか。」と調子をたずねるときには，
How are you? を使う。
(3) 初対面の人とのあいさつ「はじめまして。」は
Nice to meet you.。応じるときは **Nice to
meet you, too.**「こちらこそ，はじめまして。」と
言う。

定期テスト予想問題　本冊 P.14

❶ (1) ○　(2) ○

❷ (1) イ　(2) ウ　(3) ア　(4) エ

❸ (1) イ, ウ　(2) ア, イ, エ　(3) エ, オ

❹ (1) Se p te m b er　(2) J u l y

❺ (1) Tuesday　(2) Saturday

❻ (1) 23　(2) 82　(3) 15

❼ (1) イ　(2) エ　(3) ウ

解説

❶ (1) 両方 [e エ]。
(2) 両方 [æ ア]。

❷ 授業中に先生が出す指示は, 1語1語覚えなくてもよいが, おおよその意味を理解できるようにしておこう。
(1) 教科書などをみんなで読むときの指示。read「読む」をキーワードに覚える。
(2) 教材の CD を聞くときの指示。
(3) 授業の終わりに先生が言う言葉。このあとに Goodbye. と続き, 生徒も Goodbye. と返す。授業の終わりにもきちんとあいさつをして締めくくろう。

❸ (1) 日本国旗の色は「赤」と「白」。
(2) 信号の色は「青」「赤」「黄色」。
(3) トラの色は「黄色」と「黒」。

❹ (1)「9月」は September。
(2)「7月」は July。

❺ (1) つづりに注意しよう。

❻ (1) (2) 21 ～ 99 のうち, 1の位が0でない数は, **10 の位と1の位の数字をハイフンでつないで**表す。

❼ (2) 初対面の人とのあいさつ「はじめまして。」は Nice to meet you., 応じるときは Nice to meet you, too.「こちらこそ, はじめまして。」と言う。
(3) 別れ際の軽いあいさつ「じゃあ, またね。」は See you.。

4 be 動詞① (am, are) － I am ～. ／ You are ～. －

STEP 2 基本問題　本冊 P.17

1 (1) am
(2) are
(3) you
(4) not

2 (1) You ， are
(2) Are ， you ， not

3 (1) Are you Kumi's friend (?)
(2) I'm not from Kyushu (.)

解説

1 (3) **be 動詞**が **Are** なので主語は **you** だとわかる。
(4) be 動詞の否定文は be 動詞のあとに **not** をおく。

2 (1) 主語 You に合わせて be 動詞を are にする。

3 (1) be 動詞の疑問文は be 動詞を主語の前に出す。Kumi's「クミの」は名詞の前におく。〈**人名＋'s**〉は「**～の(もの)**」という意味で所有を表す。

STEP 3 得点アップ問題　本冊 P.18

1 (1) ウ
(2) ア
(3) イ
(4) イ, ア

2 (1) I am[I'm] not a doctor.
(2) I am[I'm] from China.
(3) Are you a baseball player?

3 (1) 私はあなた(たち)の友だちです。
(2) あなたは英語の先生ですか。

4 (1) はじめまして。
(2) Are you from America?
(3) ③イ　④ア

5 (1) (例) I am[I'm] Yoshida Mayumi [Mayumi Yoshida].
(2) (例) I am[I'm] from Yokohama.

1 (2) 後ろの are に合うのはアの You。ウ You're は You are の短縮形。

ミス注意！

(3)「～組に（いる）」と学校のクラスを言うときは，in「～の中に[で]」を使って〈be 動詞＋ in Class ～〉で表す。

2 (1) 否定文は be 動詞のあとに not をおく。I am の短縮形を使って I'm not ～. としてもよい。
(2) 主語が I なので be 動詞は am にする。

3 (1)〈your ＋名詞〉で「あなた[たち]の～」。
(2) English teacher「英語の先生」 名詞の前において「1つの，1人の」の意味を表す a[an]は，ふつう日本語には訳さない。

4 (1) 初対面のあいさつ Nice to meet you. は「はじめまして。」という意味。次のビルの発言にある応答 Nice to meet you, too. は「こちらこそはじめまして。」という意味。
(3) ③④ともに Are you ～? に対する答えなので，答えの文の主語は I にする。
③直後にビルは「カナダ出身です。」と言っている。No の答えが適切。
④ビルの答えを聞いて由美は「私もサッカーファンです。」と言っている。Yes の答えが適切。

5 (1) 名前は〈名＋姓〉の順で書いてもよい。
(2) 出身地は〈主語＋ be 動詞＋ from ＋国名・地名など～.〉で表す。

全訳

4 **由美**：こんにちは，私は佐藤由美です。はじめまして。
ビル：こんにちは，由美。ぼくはビル・ホワイトです。
　　　こちらこそはじめまして。
由美：あなたはアメリカ出身ですか？
ビル：いいえ，ちがいます。ぼくはカナダ出身です。
由美：あなたはサッカーファンですか？
ビル：はい，そうです。
由美：私もサッカーファンです。
ビル：わあ！　うれしいです！

1～4 のまとめ
定期テスト予想問題　　　本冊 P.20

❶ (1) Tuesday
(2) October
(3) red
(4) eight

❷ (1) ウ
(2) エ
(3) イ

❸ (1) You are[You're] a soccer player.
(2) Are you Ken's brother?

❹ (1) too
(2) あなたは英語の先生ですか（。）
(3) ③ I'm, not （2語）
　　④ I, am （2語）
(4) ア ×
　　イ ○
　　ウ ○

❺ (1) am
(2) from

解説

❷ 「おはようございます。」「こんにちは。」などのあいさつをしたあとは，「お元気ですか。」とお互いの調子をたずねあう。

❸ (1) 主語が **You** にかわるのに合わせて，be 動詞を **are** にかえる。「私はサッカーの選手です。」→「あなたはサッカーの選手です。」
(2) 疑問文は be 動詞を主語の前に出す。「あなたはケンのお兄さん[弟さん]です。」→「あなたはケンのお兄さん[弟さん]ですか。」

❹ (1)「こちらこそはじめまして。」と応じるときは **too** をつける。
(2) **Are you 〜?** は「あなたは〜ですか。」と相手にたずねる be 動詞の疑問文。
(3) ③ Are you 〜? と聞かれて No で答えているので，空所に入るのは I am not。2 語という指定があるので I am の**短縮形 I'm** を使う。
④ Yes の答えなので I am が適切。
(4) ア 英語ではなく数学の先生だと言っている。対話文 4 行目参照。
イ，ウ 対話文 6 〜 8 行目参照。

❺ (1) 自分の名前を言うときの決まった表現。
(2) 出身地を言うときは from「〜出身の」を使う。

全訳

❹ 和夫：こんにちは，ぼくは森和夫です。はじめまして。
佐藤先生：こちらこそはじめまして，和夫。私は佐藤マリです。
和夫：あなたは英語の先生ですか，佐藤先生？
佐藤先生：いいえ，ちがいます。私は数学の先生です。
和夫：ああ，わかりました。
佐藤先生：あなたは 1 年 A 組ですか。
和夫：はい，そうです。
佐藤先生：私はあなたの担任の先生でもあります。
和夫：わあ，よかった！

---

5 be 動詞②（is）— This[That] is 〜. —

STEP 2 基本問題　　本冊 P.23

1 (1) is
(2) an
(3) it
(4) What

2 (1) isn't
(2) Is，that，is

3 (1) This is a new house(.)
(2) What is that(?)

解説

1 (3) be 動詞の疑問文。答えの文の主語は this を繰り返さずに it を使う。
(4) 答えの文から判断する。Yes, No ではなく具体的に koala「コアラ」と答えているので，**What** で始めて「〜は何ですか。」とたずねる文にする。

2 (1) 否定文は be 動詞 is のあとに **not** をおく。答えの文の空欄が 1 つなので，is not の短縮形 **isn't** を使う。

3 (1)「新しい（1 軒の）家」は a new house。

STEP 3 得点アップ問題　　本冊 P.24

1 (1) Is，that，it，is
(2) What，is，It's
(3) That，is，not

2 (1) That's my notebook.
(2) This is an apple.
(3) That is a new bike.

3 (1) ① Yes, it is.
④ No, it isn't[it's not].
(2) ② a　⑤ an
(3) あれもあなたのラケットですか。
(4) ア ○　イ ×　ウ ○

4 (1) This is my guitar.
(2) What is[What's] that?

1 (1) 「あれは」は **that**。答えの文では主語は **it** になる。
(2) 「〜は何ですか。」とたずねる文は〈**What ＋ be 動詞＋主語〜？**〉の形。

2 (1) That is の短縮形は **That's**。
(2) apple は**母音**で始まる語なので，前に a ではなく **an** をつける。
(3) 形容詞 new「新しい」は名詞の前におく。

3 (1) ①あとに「それは私の新しいテニスラケットです。」と続けているので Yes の答えが適切。
④あとに「それは私の父のラケットです。」と続けているので No の答えが適切。
(2) ⑤〈**a[an]＋形容詞＋名詞**〉の形。名詞の前にある形容詞 old が母音で始まっているので，a ではなく an を使う。

ミス注意!
・母音で始まる語の前は an。
・〈a[an]＋形容詞＋名詞〉の語順。
　a car「（1台の）車」
　→ **an** old car「（1台の）古い車」
　an apple「（1つの）りんご」
　→ **a** big apple「（1つの）大きなりんご」
a と an の使い分け，語順を整理して覚えておこう。
(4) **ア** 対話文4行目参照。good はここでは「上手な」の意味。
イ ジェーンのラケットの大きさについては説明がない。
ウ 対話文6〜8行目参照。

4 (1) 近くにあるものについて言うときの主語は **this**。
(2) 離れたところにあるものについてたずねるので主語は **that**。「何」とたずねるので **What** で始める。

3 慎：これはきみのラケットかい，ジェーン？
ジェーン：ええ，そうよ。それは私の新しいラケットよ。
慎：きみはテニスの選手なの？
ジェーン：ええ，そうよ。私は上手なテニス選手なのよ。
慎：すごいね！　あれもきみのラケットかい？
ジェーン：いいえ，ちがうわ。私の父のラケットよ。
慎：大きいね！
ジェーン：ええ。古いラケットでもあるのよ。

6 be 動詞③ (is) ― He[She] is 〜. ―

STEP 2 基本問題　　　　　本冊 P.27

1 (1) She
(2) is
(3) He's

2 (1) He's
(2) she，isn't

3 (1) Is he your new friend(?)
(2) Who is this woman(?)

1 (1) Ms. は女性の姓につける語なので，2つ目の文の主語は **She**。

2 (2) be 動詞の疑問文。答えの文は空欄が1つなので，is not の短縮形 **isn't** を使う。

3 (1) be 動詞の疑問文。is を主語の前に出す。「あなたの新しい友だち」は your new friend の語順。

STEP 3 得点アップ問題　　　　　本冊 P.28

1 (1) he，is
(2) She
(3) Is，she，She's
(4) he，isn't〔he's，not〕

2 (1) Is he a baseball player?
(2) She is not[She isn't / She's not] from Australia.
(3) Who is[Who's] that boy?

3 (1) ①エ　　③ア
(2) あなたのお父さんも先生ですか。
(3) (a) No, she is not[she isn't / she's not].
　　(b) She is[She's] Kana's sister.
(4) イ

4 (1) Is your sister a tennis fan?
(2) Who is[Who's] that man?

解説（左列）

1 (1)「ケンはサッカーファンですか。」という質問。答えの文の主語は男性名の Ken を受けて **he** にする。
(2)「こちらの少女はだれですか。」という質問。答えの文の主語は this girl を受けて **She** にする。「彼女は私の姉[妹]です。」
(3) be 動詞の疑問文と答えの文。女性を表す Ms. があるので，答えの文の主語は she。「鈴木さんは札幌の出身ですか。」「いいえ，ちがいます。彼女は函館の出身です。」
(4)「こちらはあなたのお父さんですか。」という質問。No,「いいえ，」とあるので「彼は私の父ではありません。」となるように he is not の短縮形 he isn't[he's not]を入れる。

2 (1) **He's** は He is の短縮形。疑問文は be 動詞 is を主語 he の前に出す。
(3)「あの少年はボブのお兄さん[弟さん]です。」という文の下線部をたずねる文にする。**Who** で始め「だれ」とたずねる疑問文にする。

3 (1) ①直前の my sister, Eri「私の姉，絵里」について述べているので主語は she。空所のあとに「彼女は高校生です。」と言っているので No の答えを選ぶ。
③主語は your father を指す he。空所のあとに「彼は英語の先生です。」と言っているので Yes の答えを選ぶ。
(4) **ア** 姉の絵里は高校生である。対話文の 2 ～ 3 行目参照。
ウ 両親と，祖母，姉に香奈の 5 人家族。

4 (1)「テニスが好き」⇒「テニスファンである」
(2) 遠くを歩いている人なので，主語を that man「あの男性」とする。

全訳

3 香奈：これは私の家族の写真よ。こちらは私の姉の絵里よ。
マーク：彼女は中学生なの？
香奈：いいえ，ちがうわ。彼女は高校生よ。
マーク：彼女はきみのお母さんかい？
香奈：ええ，そうよ。彼女は数学の先生なのよ。
マーク：きみのお父さんも先生なの？
香奈：ええ，そうよ。彼は英語の先生なのよ。
マーク：こちらの女性はだれ？
香奈：彼女は私のおばあさんよ。

---

5 ～ 6 のまとめ
定期テスト予想問題　　　　　本冊 P.30

1 (1) This
(2) Is
(3) He's

2 (1) it, is
(2) she, isn't [she's, not]
(3) is, It's

3 (1) That is our math teacher(.)
(2) My mother is not from Hokkaido(.)

4 (1) He
(2) あなたはアメリカ出身ですか。
(3) イ
(4) ア ×
　　イ ×
　　ウ ○

5 He is[He's] from Tokushima.
He is[He's] a soccer player.

解説（右列）

1 (1) 人を紹介するときは This is ～.「こちらは～です。」と言う。「こちらは私の姉[妹]のエミです。」
(2) be 動詞は主語によって使い分ける。主語 this question「この質問」は 1 つのものなので be 動詞は is が適切。「この質問はかんたんですか。」
(3)「佐藤さんとはだれですか。」に対する答え。疑問文の主語 Mr. Sato を受けて 1 人の男性を表す **He** で答える。**He's** は He is の短縮形。「彼はケンタのお父さんです。」

2 (1) 疑問文の this や that は答えの文では it で受ける。「これはあなたの自転車ですか。」「はい，そうです。」
(2) Is ～? に対する否定の答えは No, ～ is not.。that woman「あの女性」を受けるので答えの文の主語は she。「あの女性はあなたのお母さんですか。」「いいえ，ちがいます。」
(3) **What is ～?** は「～は何ですか。」。答えの文では this を it で受ける。**It's** は It is の短縮形。「これは何ですか。」「それはノートです。」

3 (1)「あちらは～です。」と離れたところにいる人を紹介する文は **That is ～**。主語 That を補う。「私たちの数学の先生」は our math teacher の語順。
(2)「私の母」my mother が主語。「（主語は）～出身である」は〈(主語＋)be 動詞＋ from ～〉。from を補う。「～ではありません」という否定文なので be 動詞 is のあとに not をおく。

❹ (1) すでに話題にのぼっている1人の男性(Bob)を指す He が入る。
(2) **Are you from ～?**「あなたは～出身ですか。」は出身地をたずねる be 動詞の疑問文。
(3) 直後に「カナダ出身です。」と言っているので,否定の答えが入る。Are you ～? の疑問文に対する答えの文の主語は I が適切。
(4) **ア** 誠は直子のことを「ぼくの友だちです。」とボブに紹介しているので,合わない。対話文2行目参照。**イ** ボブは「ぼくは相撲ファンです。」と言っているので,合わない。対話文6行目参照。
ウ 対話文最後の2行参照。直子は「私の父も春野山のファンです。」と言っている。

❺ どちらも He is ～. の文で表す。「サッカー選手」は a soccer player。「1人の」を意味する a を忘れないよう注意。

全訳

❹ 誠：直子,こちらはボブだよ。彼はぼくの友だちなんだ。ボブ,こちらは直子。彼女もぼくの友だちだよ。
ボブ：やあ,直子。はじめまして。
直子：こちらこそ,はじめまして。あなたはアメリカ出身ですか?
ボブ：いいえ,ちがいます。ぼくはカナダ出身です。ぼくは相撲ファンなんです。あれはおもしろいスポーツです。
直子：ええ,そうですね。あなたのお気に入りの力士はだれですか?
ボブ：春野山が大好きなんです。
直子：彼はいい力士ね。私の父も春野山のファンです。

7 一般動詞① ― 1・2 人称 ―

STEP 2 基本問題 本冊 P.33

1 (1) 音楽が好きです
(2) 日本語を話します
2 (1) don't, know (2) Do, watch, do
3 (1) I study math hard(.)
(2) I do not use this pen(.)
(3) What book do you read(?)

解説

2 (1) 一般動詞の否定文は,〈主語 + **do not[don't]** + 一般動詞 + 目的語 .〉で表す。
(2) 一般動詞の疑問文は主語の前に **Do** をおく。答えるときも do を使う。

3 (1) study「～を勉強する」のあとに,**目的語**の math「数学」をおく。study を修飾する hard「熱心に」は文の最後におく。
(3) **What** book「何の本」で文を始め,一般動詞の疑問文を続ける。

STEP 3 得点アップ問題 本冊 P.34

1 (1) I, swim
(2) I, don't, play
(3) Do, usually, do
2 (1) I want a new car(.)
(2) Do you clean your room every day(?)
(3) I don't speak English well(.)
(4) What color do you like(?)
3 (1) I sometimes come to this park (with Shiro.)
(2) ウ
(3) Do, you, have
(4) ア ○ イ × ウ ×
4 (1) (例) Yes, I do. / No, I don't[do not].
(2) (例) I like math.

解説

1 (3)「ふつう」と頻度を表す語は **usually**。肯定文でも疑問文でも**一般動詞の前**におく。

ミス注意！

usually「ふつう」，sometimes「ときどき」など，頻度を表す語(副詞)はふつう一般動詞の前におく。

2 (1) 一般動詞 want「～がほしい」のあとに目的語「(1台の)新しい車」a new car がくる。
(2)「～しますか。」なので一般動詞の疑問文 **Do you ～?** にする。一般動詞 clean「～を掃除する」のあとに目的語 your room がくる。
(3) speak「～を話す」を修飾する well「上手に」は文の最後におく。
(4)「何色」What color で文を始める。

3 (1) sometimes「ときどき」は一般動詞 come「来る」の前におく。
(2) すぐあとに「この近くに住んでいる」「この公園がとても好き」「毎朝ここで走る」とあるので，Yes の答えが入る。陽子の質問は Do you ～? なので，do で答えているものを選ぶ。
(3) **How about you?**「あなたはどうですか。」 すでに出た話題について，同じ質問を繰り返すときなどに使う表現。ここでは，デイヴィッドがネコを飼っているという直前の話題を受けて，陽子に「あなたはネコを飼っていますか」とたずねているのである。
(4) ア 対話文の3行目と最後の2行参照。
イ 対話文の下から3行目参照。デイヴィッドは朝ではなく in the evening「夕方に」来ると言っている。
ウ 対話文5行目参照。陽子が「あなたはよくここへ来るの？」と聞いていることから，2人が公園で毎日会っているわけではないということがわかる。

4 (1)「あなたは家でよくコンピュータを使いますか。」Yes, No で答える。
(2)「あなたは何の教科が好きですか。」 自分の好きな教科を具体的に答える。

全訳

3 陽子：おはよう，デイヴィッド。
デイヴィッド：おはよう，陽子。
陽子：これは私の犬のシロよ。私はときどきシロといっしょにこの公園に来るのよ。あなたはよくここへ来るの？
デイヴィッド：ああ，そうだよ。ぼくはこの近くに住んでいるんだ。この公園がとても好きなんだよ。毎朝ここで走るんだ。
陽子：それはいいわね。あなたはとても速く走るわ。
デイヴィッド：ぼくも犬を飼っているんだよ。ぼくは夕方にここへ犬と来るよ。ぼくはネコも飼っているんだ。きみはどう？
陽子：私は，ネコは飼っていないのよ。

8 名詞・代名詞の複数形

STEP 1 要点チェック
本冊 P.36

① books　② boxes

STEP 2 基本問題
本冊 P.37

1 (1) eggs　(2) are, sisters
(3) How, cups　(4) any, some

2 (1) These　(2) are　(3) cities

3 (1) They, are　(2) are, friends　(3) don't, any
(4) ① Do, you　② we, do

解説

1 (1)「私は毎朝タマゴを2個食べます。」
(2)「彼女たちは私の姉妹です。」 主語 They「彼女らは」が複数を表すので be 動詞は **are**。あとに続く名詞も**複数形 sisters** に。
(3)「あなたはカップをいくつほしいですか。」〈**How many ＋名詞の複数形＋疑問文?**〉は数をたずねる疑問文。
(4)「あなたは(何冊か)ノートを持っていますか。」「はい，持っています。」「いくつかの」は疑問文では any，肯定文では some を使う。

2 (1)「これらの本はおもしろいです。」 あとの名詞が books と複数形なので These「これらの」にかえる。
(2)「ヨウコと私は大阪出身です。」 主語が複数なので be 動詞は are。
(3)「私は中国のいくつかの都市を知っています。」語尾が〈子音字＋y〉の名詞は，y を i にかえて es をつける。

3 (2) 主語 Taro and Jiro は複数の人を表すので be 動詞は are。friend「友だち」も複数形にする。
(4) ②「あなたたち」とたずねられているので，答えの文の主語は we「私たち」になることに注意。

STEP 3 得点アップ問題
本冊 P.38

1 (1) They are soccer fans.
(2) Those are my rackets.
(3) I do not[don't] know any English songs.
(4) How many classes do you have in the morning?

2 (1) they, are　(2) don't, any[cats]
(3) they, aren't[they're, not]　(4) we, are

3 (1) Are they your friends?　(2) good
(3) They speak three languages. （4語）
(4) ア ○　イ ×　ウ ×

4 (1) Do you have <u>any</u> friends in <u>Kansai</u>?
(2) How many <u>brothers</u> and[or] <u>sisters</u> do you have?

1 (1)「彼ら（トムとマイク）はサッカーファンです。」自分(I)も相手(you)も含まない複数の人を表す代名詞は **they**。

(2)「あれらは私のラケットです。」 that「あれ」の複数形は **those**「あれら」。主語に合わせて be 動詞は are にし，racket は複数形にする。

(3)「私は英語の歌を（1曲も）知りません。」 **some**「いくつかの」は，疑問文・否定文では **any** となる。

(4)「あなたは午前にいくつの授業がありますか。」数をたずねる文は〈How many ＋名詞の複数形＋疑問文?〉の形。

2 (1)「これらはあなたのノートですか。」「はい，そうです。」

(2)「あなたはネコを何匹か飼っていますか。」「いいえ。1匹も飼っていません。」

(3)「あなたのご両親は北海道出身ですか。」「いいえ，ちがいます。」 parent「親」は複数形 **parents** で「両親」の意味になる。

(4)「あなたたちは野球選手ですか。」「いいえ，ちがいます。私たちはバスケットボールの選手です。」

ミス注意!

you は単数も複数も同じ形なので，文脈からどちらの意味かを判断する。ここでは質問文中に players とあり，答えの文でもあとに We are ... と続いていることから，質問の you は「あなたたち」の意味であることがわかる。

3 (2)「上手な」という意味の good を入れ，「彼女たちはとても上手な踊り手（ダンサー）です。」とする。

(3)「メイリンとチェンミンは何か国語を話しますか。」中国語，日本語，英語の3か国語を話すと言っている。

(4)ア 恭子の1つ目と2つ目の発言参照。

イ 恭子たちが習っているのは中国の踊り。対話文6行目参照。

ウ 対話文7～8行目参照。

4 (1)「～に友人を持っていますか。」と考えて，Do you have any ～? で表す。〈in ＋地名〉で場所を表す。

(2)〈How many ＋名詞の複数形〉で始める疑問文にする。

全訳

3 恭子：こちらは中国出身のメイリンとチェンミンよ。

アンナ：彼女たちはあなたの友だちなの？

恭子：ええ。彼女たちは私たちのダンス部の新入部員なのよ。

アンナ：彼女たちはダンスが上手なの？

恭子：ええ。彼女たちはダンスがとても上手よ。私たちは彼女たちから中国の踊りを習うの。

アンナ：それはすてきね。あなたは中国語を話すの？

恭子：いいえ，話さないわ。私たちは日本語を使うのよ。彼女たちはたいてい中国語を話すの。日本語と英語も上手に話すのよ。

アンナ：すごいわ！

---

9 目的格・所有代名詞

STEP 2 基本問題 本冊 P.41

1 (1) him (2) Her (3) our (4) them

2 (1) mine (2) Ken's (3) theirs

3 (1) Whose, yours (2) you, it

解説

1 (1)「あちらはシンゴです。彼が見えますか。」

(2)直後に name があるので所有格の Her を選ぶ。「私には姉[妹]が1人います。彼女の名前はユカです。」

(3)あとに名詞 teacher があるので所有格を選ぶ。「こちらは森さんです。彼女は私たちの先生です。」

(4)「私は犬を2匹飼っています。私は彼らといっしょによく公園へ行きます。」

2「これは[あれは]～の…です。」の文は，所有代名詞を使って「この[あの]…は～のものです。」と書きかえることができる。

(1)「これは私のコンピュータです。」→「このコンピュータは私のものです。」

(2)「あれはケンの自転車です。」→「あの自転車はケンのものです。」〈名詞＋'s〉は「～の（もの）」の意味。「ケンの」と「ケンのもの」はどちらも **Ken's** で表す。

(3)「これらは彼らの CD です。」→「これらの CD は彼らのものです。」

3 (2)前置詞や動詞のあとの代名詞は目的格になるが，you と it は主格と目的格が同じ形。

STEP 3 得点アップ問題 本冊 P.42

1 (1) us (2) theirs (3) Your (4) it

2 (1) Whose (2) them, They (3) yours (4) Its

3 (1) あれらのコンピュータは私たちのものです。

(2) あなたは私を手伝ってくれます。

4 (1) これはだれの歌ですか。

(2) ② her ③ She ④ hers

(3) ア × イ ○ ウ ×

5 (1) Whose car is that?

[Whose is that car?]

(2) Is this Keiko's desk?

[Is this desk Keiko's?]

1 (1)「あなたは私たちに英語を教えます。」 to「〜に」という前置詞のあとなので目的格 us にする。
(2) their ball「彼らのボール」を1語で表す代名詞は，所有代名詞 **theirs**「彼らのもの」。「あれは彼らのボールです。これも彼らのものですか。」
(3) あとに名詞 pictures「絵[写真]」があるので，「〜の」を表す所有格 Your にする。「あなたの絵[写真]はとても美しいです。」
(4) 動詞 like「〜が好きである」のあとなので目的格にする。it は主格と目的格が同じ形。「日本は美しい国です。私はそれがとても好きです。」

2 (1) 答えの内容から判断して「だれの〜」とたずねる **Whose** を入れる。**my father's** はあとに名詞がないので「私の父のもの」の意味。「これはだれの車ですか。」「私の父のものです。」
(2) those girls を指す代名詞が入る。動詞 know のあとは目的格 them，be 動詞 are の前は主格 They とする。「あなたはあれらの少女を知っていますか。」「はい，私は彼女たちを知っています。彼女たちはユキとマイです。」
(3)「これは私のカップですか。」「いいえ，それはあなたのものではありません。」
(4) 動物はふつう代名詞 it で受ける。it の所有格は its。「これはあなたの犬ですか。」「はい，そうです。その名前はレオです。」

4 (2) ④ her (= Michika's) CD を指す1語の代名詞にする。所有代名詞 **hers**「彼女のもの」が適切。
(3) **ア** ジョンは『Our Dream』を知っていると言っており，それもミチカの曲であると恵が教えている。対話文5〜7行目参照。
イ favorite「お気に入りの，大好きな」。ミチカは恵の大好きな歌手である。対話文4行目参照。
ウ 2人がこれから聞くのは another CD「別の CD」。対話文最後の3行参照。

5 (1) 所有者をたずねる疑問文は2通りある。
・Whose ＋名詞〜？「〜はだれの…ですか。」
・Whose 〜？「〜はだれのものですか。」

4 ジョン：わあ，きれいな歌だね！ これはだれの歌なの？
恵：ミチカのよ。あなたは彼女を知っているかしら？
ジョン：いや，知らないな。でもこの歌は大好きだよ。
恵：彼女は私のお気に入りの歌手よ。あなたは『Our Dream』という歌を知っているかしら？
ジョン：ああ，それなら知っているよ。とても有名だよ。
恵：それも彼女の歌なの。
ジョン：ああ，なるほど。
恵：ここに別の CD があるわ。それも彼女のなのよ。それを聞きましょう。
ジョン：いいね。

定期テスト予想問題
本冊 P.44

1 (1) Do you have any CDs in your bag?
(2) How many eggs do you need?
(3) They cook dinner for us.
(4) These are big countries.
(5) I go to school with him.

2 (1) Whose, guitar　　(2) mine
(3) What, sport(s)　　(4) don't, any

3 (1) Japanese gardens
(2) 私はときどき家族と日本庭園を訪れます。
(3) ③ウ　　④イ
(4) them
(5) (a) 花見　　(b) 写真

4 (1) Those boxes are ours[our boxes].
(2) What do you usually do every Sunday?

1 (1) **some「いくつかの」**は，疑問文では **any** にする。「あなたはかばんの中に何枚かの CD を持っていますか。」
(2)「私は3個の卵が必要です。」という文。数をたずねる疑問文は，〈**How many ＋名詞の複数形 〜?**〉の形。「あなたは卵が何個必要ですか。」
(3)「トムと私」＝「私たち」。for のあとなので目的格の us にする。「彼らはトムと私に夕食を料理してくれます。」
(4) 下線部「これは」を These「これら」にかえるので，be 動詞は are にする。〈**These are 〜.**〉は「これらは〜です。」という意味。country の複数形は語尾が〈子音字＋ y〉なので，y を i にかえて es をつける。「これらは大きな国です。」
(5)「ケン」＝「彼」。前置詞 with のあとにあるので，目的格の him にする。「私は彼といっしょに学校へ行きます。」

2 (1)「だれの〜ですか。」は〈**Whose ＋名詞 〜?**〉で表す。
(2)「私のもの」は mine で表す。
(3)「どんな〜」は〈**What ＋名詞**〉で表す。そのあとには一般動詞の疑問文〈do you ＋一般動詞〉を続ける。
(4)「1本も〜を持っていない」は**否定文**を使い don't have any 〜とする。

3 (1) 前後の文から文脈に合う複数名詞を探す。ここでは直前の Japanese gardens を指している。
(2) sometimes「ときどき」は頻度を表す副詞。
(3) ③ enjoy「〜を楽しむ」
④ take pictures「写真を撮る」
(4) 動詞のあとなので they の目的格の them とする。
(5) (b)「ナンシーが撮った写真」「紅葉の写真」などでもよい。

❹ (1)「あれらの箱」は Those boxes で表す。また，主語が複数形なので，be 動詞は are を使う。「私たちのもの」は所有代名詞 ours で表す。

(2)「何をしますか」と行動をたずねるときは What で始め，動詞は do「する」を使う。疑問文・否定文をつくる do とははたらきがちがうので注意しよう。頻度を表す副詞 usually は疑問文でも一般動詞の前におく。

全訳

❸ 浩二：きみは日本が好きかい，ナンシー？

ナンシー：ええ，好きよ。私は日本庭園が好きなの。それらはきれいだわ。私はときどき家族と日本庭園を訪れるのよ。

浩二：ええ，本当？

ナンシー：ええ。春にはそこで花見を楽しむのよ。

浩二：ぼくも花見は好きだよ。

ナンシー：そして秋には黄色や赤の美しい木々が見られるわ。私はよく写真を撮るのよ。

浩二：今それらを持っている？

ナンシー：うん，持っているよ。どうぞ。

浩二：美しいね！

10 助動詞 can

本冊 P.47

STEP 2 基本問題

1 (1) can，write　(2) cannot[can't]，see

2 (1) Yumi can't get up early(.)

(2) Can you come (at seven?)

3 (1) Can，you，Sorry

(2) May[Can]，I，Sure

解説

1 (2) can の否定文は **cannot[can't]** を動詞の原形の前におく。

2 (2) can を使った文の疑問文は〈**Can ＋主語＋動詞の原形〜？**〉の語順にする。

3 (1) 依頼を断るときは，謝罪の言葉を付け加える。I'm busy.「忙しいのです。」などと断る理由も述べるとよい。

(2) 許可を求める文は〈**Can[May] I ＋動詞の原形〜？**〉。会話では can を使うことが多い。may を使うとややあらたまった表現になる。

STEP 3 得点アップ問題

本冊 P.48

1 (1) They can play the guitar.

(2) Can you eat *natto*?

(3) Who can speak English well?

2 (1) May I use this desk(?)

(2) What can we see there(?)

3 (1) 質問してもいいですか。

(2) 私はこの漢字が読めます。

4 (1) ① the money （2語）　② used CDs （2語）

(2) Can，you

(3) ア ×　イ ○　ウ ×　エ ○

5 (1) You can walk to the station.

(2) Can you close the window(s)?

解　説

1 ┤ミス注意!├

(1)「～できる」の文は〈主語＋ can ＋動詞の原形～.〉の語順。

(2) can の疑問文は can を主語の前に出す。

(3)「だれが英語を上手に話せますか。」と「人」をたずねる文にする。疑問詞 who が主語になる。

2 (1) may は「～してもよい」(許可)の意味の助動詞。May I ～? で Can I ～? と同様に，「～してもいいですか。」と許可を求める文になる。

(2) 疑問詞を使った can の文。疑問詞 what を文頭におき，疑問文の語順を続ける。

4 (1) 代名詞が指すものを探すときは，まず直前の文に注目する。①「貧しい子どもたちに送る」のは the money「お金」。②ビルが「持ってくる」と言っているものを考える。複数形を表す代名詞 them で受けていることにも注意する。

(2)「～してくれますか。」は〈Can you ～?〉で表す。

(3) **ア** 真理はかばんの中ではなく箱の中に CD を持っている。対話文1～2行目参照。

イ 真理の2つ目の発言参照。

ウ ビルが申し出ているのは，CD を送ることではなく，売るための中古 CD を持ってくること。ビルの4つ目の発言参照。

エ ビルの最後の発言参照。some は some CDs のこと。

全　訳

4 ビル：やあ，真理。大きな箱を持っているね。その中に何が入っているの？

真理：CD よ。私たちの CD 屋のためのものなの。

ビル：きみたちの CD 屋さん？

真理：そうよ。私たちは来月学園祭があるのよ。私たちは学園祭で中古の CD 屋を開くのよ。

ビル：なるほど。きみたちはそのお金を使って何をするの？

真理：私たちはそのお金を世界中の貧しい子どもたちに送るのよ。

ビル：それはいい考えだね。ぼくも中古の CD をたくさん持っているよ。そのうちの何枚かを持ってきてもいいかな？

真理：もちろん。どうもありがとう。学園祭に来てくれる？　CD 屋で CD を買うこともできるわよ。

ビル：いいね！　ぼくも何枚かほしいよ。

11 命令文

STEP 1 要点チェック　本冊 P.50

① Please sit

② Don't sit

③ Let's eat[have]

STEP 2 基本問題　本冊 P.51

1 (1) Study　(2) Don't, watch　(3) Be

2 (1) Let's　(2) Don't　(3) Please

3 (1) 行きましょう

(2) 使ってはいけません

解　説

1 (1)「あなたは毎日英語を勉強します。」→「毎日英語を勉強しなさい。」

(2)「今テレビを見なさい。」→「今テレビを見てはいけません。」　禁止を表す否定の命令文は〈Don't ＋動詞の原形〉。

(3)「あなたは静かです。」→「静かにしなさい。」　be 動詞の命令文は〈Be ～.〉。

2 (1)「～しましょう。」と誘ったり，提案したりする文は〈Let's ＋動詞の原形～.〉。

STEP 3 得点アップ問題　本冊 P.52

1 (1) please

(2) Don't, run

(3) Let's, right

2 (1) Wash your hands before dinner.

(2) Please show your notebook.

　　[Show your notebook, please.]

(3) Don't be late for school.

3 (1) 図書館では静かにしてください。

(2) 今は友だちと話してはいけません。

4 (1) Japanese music　（2語）

(2) Please come to my house.

　　[Come to my house, please.]

(3) **ア**

(4) **ウ**

5 (1) Don't use a cell phone here.

(2) Let's play soccer after school.

1 (3) **All right.**「わかりました。」 了解や承諾を表す会話表現。ここでは誘いを受ける返答。

2 (1)「あなたは夕食の前に手を洗います。」→「夕食の前に手を洗いなさい。」
(2)「あなたのノートを見せます。」→「あなたのノートを見せてください。」
(3)「あなたは学校に遅れています。」→「学校に遅れてはいけません。」 be 動詞の否定の命令文は〈**Don't be ~ .**〉で表す。

3 (1) be 動詞の命令文のていねいな言い方。

4 (1) 直前のスーザンの発言にある Japanese music を指している。

ミス注意!
(2) **please** は命令文の前か後ろ,どちらにおいてもよい。ただし,後ろにおくときは please の前にカンマ(,)を忘れずにつける。
(3) 前文で Let's ~ . と誘いを受けている。ほかに **Sure.**,**All right.**,**OK.** などの表現も使える。

5 (1) 否定の命令文で表す。here「ここで」は,ふつう文の最後におく。
(2)〈Let's +動詞の原形~ .〉の勧誘の表現で表す。after school はよく使う語句なので覚えておこう。

全訳

4 愛子:こんにちは,隆。
隆:やあ,愛子。こちらはぼくの友だちのスーザンだよ。
愛子:はじめまして,スーザン。愛子です。
スーザン:こちらこそ,はじめまして,愛子。
愛子:音楽は好きですか,スーザン?
スーザン:はい。日本の音楽が好きなんです。
愛子:まあ,私も好きです。CD をたくさん持っています。どうぞ私の家に来てください。私の CD を聞きましょう。
スーザン:それはいい考えですね。
隆:ぼくもそう思うよ。でもぼくはお腹がすいているんだ。
スーザン:まあ,私もです。
愛子:いいわ。今,お昼ごはんを食べて,そして私の家に行きましょう。
スーザン:はい,そうしましょう。うれしいです!

10~11のまとめ
定期テスト予想問題　　　　　本冊 P.54

1 (1) Wash your car every Sunday.
(2) Don't play baseball here.
(3) I can play the piano.
(4) What can Jim cook?
(5) Please close the window. / Close the window, please.

2 (1) I can't make pizza(.)
(2) Can I read this book(?)
(3) What can you play(?)

3 (1) Let's go to the park(.)
(2) 2時に私の家に来てくれますか。
(3) イ
(4) ア× イ× ウ○

4 (1) Don't be late tomorrow.
(2) Can you wait here?

解 説

1 (1)「~しなさい。」という命令文は〈動詞の原形 ~ .〉で表す。「毎週日曜日,車を洗いなさい。」
(2)「~してはいけません。」と禁止を表す命令文は〈**Don't** +動詞の原形 ~ .〉。「ここで野球をしてはいけません。」
(3)「~できる」は〈can +動詞の原形〉で表す。
(4)「ジムはカレーを料理することができます。」の「カレー」をたずねているので,「ジムは何を料理することができますか。」という文にする。疑問詞 what を文の最初において,助動詞 can の疑問文を続ける。
(5)「~してください」というていねいな命令文は please を文の最初か最後におく。最後におく場合は,please の前にカンマ(,)が必要。

2 (1) 助動詞 can の否定文は **cannot** か **can't** を一般動詞の前におく。
(2)「~してもいいですか。」と許可を求める文は〈**Can I ~ ?**〉で表す。〈**May I ~ ?**〉も同じ意味を表す。
(3) 疑問詞 what を文の最初におき,助動詞 can の疑問文を続ける。

3 (1)「公園へ行きましょう。」という文にする。「~しましょう。」は〈**Let's** +動詞の原形 ~ .〉で表す。
(2)〈**Can you ~ ?**〉は「~してくれますか。」という依頼を表す意味がある。ジャックが「あなたを手伝うことができます。」と言っていることから,「来てくれますか」と依頼していると考える。
(3)「~してくれますか。」に対して **Sure.**「もちろんです。」などで答える。
(4) ア対話文3~4行目参照。香奈は宿題が多いと言っている。イ対話文4行目参照。香奈の宿題の教科は英語。ウ対話文8~9行目参照。香奈がジャックに辞書を持っているかたずね,ジャックは「はい。」と言っている。

④ (1)「～してはいけない。」と禁止を表す命令文は〈Don't ＋動詞の原形 ～ .〉で表す。late は形容詞なので，be 動詞が必要。be 動詞の原形は be なので，Don't be ～ . という形になる。
(2)「～してくれますか。」と依頼する文は〈Can you ～ ?〉で表す。

全訳

③ ジャック：こんにちは，香奈。
香奈：こんにちは，ジャック。
ジャック：公園へ行こうよ。
香奈：ごめん，行けないの。今日，英語の宿題がたくさんあるの。
ジャック：ぼくは英語を教えることができるよ。きみを手伝うことができるよ，香奈。
香奈：どうもありがとう。
ジャック：2 時にぼくの家に来てくれる？
香奈：もちろん。ジャック，辞書を持ってる？
ジャック：うん。
香奈：それを使ってもいい？
ジャック：いいよ。

---

12 一般動詞② ― 3人称単数現在 ―

STEP 1 要点チェック 本冊 P.56

① likes ② goes

STEP 2 基本問題 本冊 P.57

1 (1) likes (2) teaches (3) Does, speak
2 (1) Does, go, doesn't (2) Where, does
3 (1) He wants a racket(.)
   (2) When does she enjoy tennis(?)

解説

1 (2) 主語の Mr. Sato は**3人称単数**。teach のような，s, ch, sh, o で終わる動詞の**3人称単数現在形**は，語尾に **es** をつける。
(3) 主語が3人称単数で現在の疑問文は〈**Does ＋主語＋動詞の原形～?**〉の形。動詞は s, es のつかない原形にする。

2 (1)「マイクは学校へバスで行きます。」→「マイクは学校へバスで行きますか。」「いいえ，行きません。」goes は go「行く」の3人称単数現在形。
(2)「ケンは横浜に住んでいます。」→「ケンはどこに住んでいますか。」と〈場所〉をたずねる疑問文にする。

3 (1) want は「～がほしい」。

STEP 3 得点アップ問題 本冊 P.58

1 (1) tries (2) goes (3) washes (4) know
2 (1) watches
  (2) doesn't, use
  (3) Does, swim, does
  (4) Where, does
3 (1) ① ア ② オ ④ イ
  (2) 彼女は音楽がとても好きです。
  (3) (a) She has it in her bag. （6語）
     (b) No, she doesn't. （3語）
4 (1) My father does not[doesn't] live in Japan.
  (2) When does Shota listen to music?

15

解説

1 (1)「ジムは柔道に挑戦します。」語尾が〈子音字＋y〉の語は，**y を i にかえて es** をつける。
(2)「マリコはしばしば東京へ行きます。」go の3人称単数現在形は goes。
(3)「私の母は夕食後に皿を洗います。」
(4)「ブラウンさんは歌舞伎を知りません。」

ミス注意！
3人称単数現在の否定文・疑問文では **does** を使い，**動詞は原形**にする。
肯定文：Ms. Brown knows *kabuki*.
否定文：Ms. Brown doesn't know *kabuki*.
疑問文：Does Ms. Brown know *kabuki*?

2 (4)「どこで」とたずねる文は **Where** で始める。

3 (3) (a)「ルーシーはどこにフルートを持っていますか。」対話文1～2行目参照。指定された6語で答えられるよう，a flute を it におきかえる。
(b)「卓也の妹［姉］は水曜日にフルートを練習しますか。」卓也の最後の発言参照。卓也の妹［姉］がフルートを練習するのは月曜日，火曜日，金曜日だと言っている。3語と指定があるので，does not の短縮形 doesn't を使う。

4 (2) 主語が3人称単数で「いつ」とたずねる現在の文なので，〈**When ＋ does ＋主語＋動詞の原形～？**〉で表す。

全訳

3 卓也：やあ，ルーシー。かばんの中に何を持っているんだい？
ルーシー：こんにちは，卓也。フルートを持っているのよ。
卓也：きみはフルートを吹くの？
ルーシー：ええ，吹くわ。
卓也：ぼくの妹［姉］もフルートを吹くんだよ。
ルーシー：まあ，本当？　彼女はどこでそれを練習するの？
卓也：学校で練習するんだよ。彼女は音楽部の部員なんだ。彼女は音楽が大好きなんだよ。
ルーシー：彼女は熱心に練習するの？
卓也：ああ，そうだよ。彼女は毎週月曜日，火曜日，金曜日に練習するんだ。
ルーシー：すごいわ！

13 現在進行形

STEP 1 要点チェック 本冊 P.60

① studying　② writing

STEP 2 基本問題 本冊 P.61

1 (1) speaking　(2) is　(3) have
2 (1) am, cooking　(2) is, listening
(3) Are, you, washing, am
3 (1)（マイクは）何をしていますか
(2)（あなたは）何を食べていますか

解説

1 (3) have, know, like など，**状態や気持ちを表す動詞は進行形にしない**。

2 (3) 現在進行形の疑問文は，**be 動詞を主語の前に出す**。

3 (1) **What is ～ doing?** は，「～は何をしていますか。」とたずねるときに使う。

ミス注意！
(2) 進行形なので，この have は，状態を表す「～を持っている」ではなく，動作を表す「～を食べる」の意味。動作を表す意味で使われるときには進行形にできる。

STEP 3 得点アップ問題 本冊 P.62

1 (1) running　(2) going
(3) play　(4) writing
2 (1) Are, you, watching, I, am
(2) Is, cleaning, No, isn't
(3) Where, are, they, playing
3 (1) あなたは何を読んでいるのですか，五郎。
(2) 図書館［図書室］
(3) (a) He is[He's] reading a (history) book.
(b) No, she is not[she isn't / she's not].
(4) ア × イ ○ ウ ×
4 (1) What are you doing (now)?
(2) I am[I'm] studying English (now).

1 (1)(2)(4) 文中に be 動詞があることに注目して現在進行形の文にする。be 動詞のあとの動詞を -ing 形にする。(3)は doesn't があるので現在形の否定文。
(1) run は〈短母音＋子音字〉なので，子音字の n を重ねて -ing をつける。
(4)「あなたは何を書いていますか。」 write の語尾の e をとって -ing をつける。

2 (2) 答えの文の is not は語数に合わせて**短縮形 isn't** にする。
(3)「どこで」とたずねるので Where で始め，そのあとに現在進行形の疑問文を続ける。

3 (2) いろいろな本があり，それらを読んだり，宿題をしたりできるところは「図書館[図書室]」。
(3) (b)ケイトは歌舞伎の本を探している。
(4) ア五郎は時々この場所(図書館)で宿題をする。対話文4～5行目参照。
イ対話文最後から3～4行目参照。歌舞伎についてのよい本を知っているかとケイトにたずねられ，五郎は「すみません，知りません。」と答えている。
ウ対話文最後の行参照。ケイトは「本当？」と言っているので，田中先生が歌舞伎を好きだとは知らなかったとわかる。

4 (1)「～は何をしていますか。」は〈What＋be 動詞＋主語＋doing ～?〉。now「今」は省略してもよい。

全訳

3 ケイト：こんにちは，五郎。
五郎：やあ，ケイト。きみはよくここへ来るの？
ケイト：いいえ。これが初めてよ。あなたは？
五郎：ぼくはこの近くに住んでいるので，よくここで本を読むんだ。ときどき宿題もするよ。
ケイト：何を読んでいるの，五郎？
五郎：歴史の本を読んでいるんだよ。きみは本を探しているの？
ケイト：うん。歌舞伎についての本を探しているのよ。歌舞伎について何かいい本を知っている？
五郎：ごめんね，知らないんだ。でも田中先生は歌舞伎が好きだよ。それについてよく知っていると思うよ。聞いてみようよ。
ケイト：本当？ それはいい考えだわ。

---

❶ (1) My uncle has two dogs.
(2) Does Kenji study math on Sundays?
(3) Jimmy is swimming in the river.
(4) What are you looking for?

❷ (1) My brother doesn't play the piano(.)
(2) How does your sister go to school(?)
(3) Are you doing your homework (now?)

❸ (1) 私に花見について教えてくれますか。
(2) Cherry blossoms[cherry blossoms] （2語）
(3) makes
(4) (a) She is[She's] cleaning her room (now).
(b) They have it in the park near their house.
(c) Yes, he does.

❹ (1) My brother does his homework after dinner.
(2) I am[I'm] writing a letter (now).

解説

❶ (1) 主語が3人称単数のとき動詞は s, es をつける。have の3人称単数現在形は不規則に変化するため，has とする。「私のおじは犬を2匹飼っています。」
(2) 主語が3人称単数の現在の疑問文は Does で始める。studies は原形の study にする。「ケンジは日曜日に数学を勉強しますか。」
(3) 現在進行形は〈be 動詞＋動詞の -ing 形〉で表す。swim は m を重ねて swimming とする。
(4)「私は自分のえんぴつを探しています。」の下線部をたずねる。「何(を)」を意味する疑問詞 what を使い，「あなたは何を探していますか。」という疑問文にする。**look for ～**は2語で「～を探す」の意味なので，for を残すことに注意する。

❷ (1) 主語が3人称単数の否定文は〈主語＋doesn't [does not]＋動詞の原形 ～.〉で表す。
(2)「どうやって～」は疑問詞 how を文の最初におき，一般動詞の疑問文を続ける。本問は主語が3人称単数なので，How does ～? という形になる。
(3) **現在進行形の疑問文は〈be 動詞＋主語＋動詞の -ing 形 ～?〉で表す。**be 動詞は主語によって使い分ける。

❸ (1) it は前文の *hanami* を指す。Can you ～? は，ここでは「～してくれますか。」という依頼の表現。
(2)「多くの人がそれらの下でパーティーをします。」という一文。花見の話題が続いていることから，名詞の複数形の代名詞である them が指すものは前文中の cherry blossoms。
(3) 主語が3人称単数なので make に s をつけて makes とする。
(4) (a)「モニカは今何をしていますか。」 対話文4行目参照。

(b) 「真吾と彼の家族はどこで花見パーティーを開きますか。」対話文8～9行目参照。a *hanami* party を it で受ける。
(c) 「真吾はモニカに花見について伝えましたか。」

4 (1) 現在の習慣は現在形で表す。主語が3人称単数なので do 「する」は does にする。
(2) 「今～しているところだ」は現在進行形で表す。

全訳

3 真吾：もしもし，モニカ。真吾です。
モニカ：まあ！　こんにちは，真吾。
真吾：きみは今日ひまかい？
モニカ：あら，今は部屋を掃除しているところだけれど，そのあとはひまよ。
真吾：よかった。ぼくの家族が今晩花見を計画しているんだ。来られるかな？
モニカ：いいわ。でも花見っていうのは何かしら？花見について教えてくれる？
真吾：サクラの花が今とてもきれいなんだよ。だからぼくたち日本人はそれを見に行くんだ。その下でパーティーをする人も多いよ。ぼくたちも家の近くの公園で花見パーティーをするんだ。ぼくの母は毎年弁当を作るよ。
モニカ：わかったわ。わくわくするわ。
真吾：ああ，夜はサクラの花が本当にきれいだよ。6時ごろにぼくの家に来てくれるかい？
モニカ：わかったわ。じゃあそのときに。
真吾：さようなら。

---

14 時刻・曜日・天候

STEP 2 基本問題　　　　本冊 P.67

1 (1) It is[It's] rainy.
(2) It is[It's] ten thirty.
(3) It is[It's] Thursday today.
　　[Today is Thursday.]

2 (1) ウ　(2) イ　(3) ア　(4) エ

3 (1) It is ten forty-five in the morning(.)
(2) What time do you get home (every day?)

解説

1 (2) 時刻は〈時＋分〉の語順で表す。

2 (1) 「今日の天気はどうですか。」「晴れています。」
(2) 「今何時ですか。」「11時15分です。」
(3) 「今日は何曜日ですか。」「日曜日です。」
(4) 「あなたは毎日何時に夕食を食べますか。」「7時30分に(食べます)。」

3 (1) 時刻を表す文なので It is で始める。時刻は〈時＋分〉の順番で表し，「午前(中に)」を表す in the morning を続ける。
(2) 「何時に～しますか」なので What time で文を始め，一般動詞の疑問文を続ける。「家に帰る」は get home。

STEP 3 得点アップ問題　　　　本冊 P.68

1 (1) fifteen, in　(2) Monday, today
(3) August, seventh

2 (1) Is, it　(2) What, day
(3) How, weather　(4) What, time

3 (1) ① Friday　② Saturday
(2) 川
(3) He usually gets up at ten.　（6語）
(4) ア ×　イ ○　ウ ×

4 (1) It is[It's] snowy in Osaka (today).
(2) What time does your school begin?

解 説

1 (1)「午後」は in the afternoon。

(2) 曜日や日付について「今日は～です。」と言うときは副詞 today を最後におく。名詞 today を主語にして Today is Monday. でも同じ意味を表すことができる。

(3)「～月…日です。」は〈It is[It's]＋月名＋(the) 日付.〉で表し，日付は序数を用いる。12 か月の月の名前も確認しておこう。

2 (1) be 動詞の疑問文の語順で is を主語 it の前に出す。「沖縄では雨が降っていますか。」「いいえ。曇っています。」

(2) 曜日をたずねるときは What day ～? を使う。「今日は何曜日ですか。」「火曜日です。」

(3)「今日の天気はどうですか。」「晴れていて暑いです。」

(4)「何時ですか。」「7 時（ちょうど）です。」

3 (1) 対話文 2 ～ 3 行目より，次郎が釣りに行くのは土曜日だとわかる。「明日」が土曜日なので「今日」は金曜日。

(2) there「そこへ[で，に]」は〈場所〉を表す語。対話文 2 行目より，次郎は川へ釣りに行くことがわかる。

(3)「テッドはふつう毎週土曜日は何時に起きますか。」という問い。対話文 5 行目に「ふつうは 10 時に起きる」とある。

(4) ア「次郎と彼の父親は魚拓のためにたくさんの魚をとります。」 対話文 7 ～ 8 行目に「あなたたちは多くの魚をとりますか。」「いいえ。」とある。

イ「次郎と彼の父親は車で川へ行きます。」 対話文 6 行目参照。

ウ「テッドは魚拓についてたくさん知っています。」 対話文 9 行目でテッドは「魚拓とは何ですか。」とたずねているので，魚拓について知らなかったとわかる。

4 (2) 主語は your school で 3 人称単数。「何時に」とたずねる文は What time で始める。

全訳

3 テッド：今日は金曜日だね。きみは明日何か予定があるの？

次郎：うん。ぼくは毎週土曜日に父と川へ釣りに行くんだよ。

テッド：きみたちは毎週土曜日の朝は早く起きるの？

次郎：ああ，ぼくたちはふつう 5 時に起きて 5 時 30 分ごろに家を出るんだ。

テッド：それは早いね！ ぼくはたいてい 10 時に起きるよ。きみたちはそこへはバスで行くの？

次郎：いいや，早朝にはバスは 1 台もないんだよ。父が車を運転するんだ。

テッド：きみたちはたくさん魚をとるの？

次郎：いいや。ぼくたちは大きな魚をとって魚拓を作るんだ。

テッド：魚拓っていうのは何？

次郎：ああ，きみは知らないんだね。家にはたくさん魚拓があるよ。日曜日にぼくの家においでよ。

テッド：どうもありがとう。

---

1 (1) What　(2) How　(3) Where

2 (1) How, many　(2) Which, or

3 (1) How much is this cap(?)

(2) Who uses that bike(?)

(3) Whose bag is this[Whose is this bag](?)

解 説

1 答えの文から考えて適切な疑問詞を選ぶ。

(1) a new bike「新しい自転車」と〈もの〉を答えている。

(2) by bus「バスで」と交通手段を答えている。**手段・方法をたずねる疑問詞は how。**

2 (2)「A と B のどちらが～」は〈Which ～, A or B?〉でたずねる。

3 (1)「いくら」と値段をたずねるときは **How much ～ ?。**

(3) 主語は this「これは」。「だれの～」と所有者をたずねるので，疑問詞 **Whose** で始める。

1 (1) イ　(2) ア　(3) オ　(4) エ

2 (1) How many brothers do you have?

(2) Whose pencils are these?

(3) How much is this bag?

(4) Where does Mike go on Sunday morning?

3 (1) あなたのお父さんは何歳ですか。

(2) あなたは何時に寝ますか。

4 (1) あなたは公園で何をしますか。

(2) When do you write it(?)

(3) (a) It is[It's] near Judy's house.

(b) She walks there[to the park].

(c) No, she does not[doesn't].

5 (1) Where do you have[eat] lunch?

(2) What sports do you play?

1 (1)「九州の天気はどうですか。」〈様子・状態〉をたずねる疑問文。天気を表す答え**イ**を選ぶ。
(2)「あの少年はだれですか。」 答えの文の主語は that boy を受ける He になる。
(3)「あなたはいつサッカーをしますか。」〈時〉をたずねる疑問文。**オ**の「放課後にそれをします。」が適する。
(4)「あなたはかばんの中に何を持っていますか。」〈もの〉について答えている**エ**を選ぶ。

2 (1)「私には 2 人の兄［弟］がいます。」 数をたずねるときは〈**How many ＋名詞の複数形**〉で始まる疑問文にする。
(2)「これらはケンの鉛筆です。」 所有者をたずねるときは Whose で始まる疑問文にする。
(3)「このカバンは 3,000 円です。」 値段をたずねるときは How much で始まる疑問文にする。
(4)「マイクは日曜日の朝図書館へ行きます。」 **場所**をたずねるときは **Where** で始まる疑問文にする。

3 (1) **How old ～?** は「年齢」や「古さ」をたずねる表現。

┈**ミス注意!**┈┈┈┈┈┈┈┈┈┈┈┈┈┈┈┈┈┈┈★
(2) **What time do you ～?** は「何時に～しますか。」の意味。答えるときは，「～に」を表す前置詞 at を使い時刻を答える。「～に」を表す前置詞は〈at ＋ 時刻〉〈in ＋ 季節・年・月〉〈on ＋ 曜日・日〉のように，あとにくる語によって使い分ける。

4 (1) 1 つ目の do は疑問文や否定文で用いる do で，2 つ目の do は「する，おこなう」という意味の一般動詞というちがいがあることに注意。
(3) (a)「公園はどこにありますか。」
(b)「ジュディはどうやって公園へ行きますか。」
(a) (b)ともにジュディの最初の発言参照。
(c)「ジュディは毎日ブログを書きますか。」 対話文 8 行目参照。毎日ではなく毎週。

5 (1)「どこで～」と場所をたずねるので疑問詞 Where で始まる疑問文にする。
(2)「何の～」は〈what ＋ 名詞〉を使ってたずねる。

4 圭介：きみはふつうどんなふうに週末を過ごすの，ジュディ？
ジュディ：私は早起きしてカメラを持って家の近くの公園に歩いて行くのよ。
圭介：きみは公園で何をするんだい？
ジュディ：そこで花の写真を撮るのよ。
圭介：きみは毎週写真を撮るの？
ジュディ：そうよ。そのうちの何枚かを私のブログに使うのよ。
圭介：ああ，きみはブログを持っているんだ！
ジュディ：私は毎週花について書くのよ。
圭介：きみはいつブログを書くの？
ジュディ：朝写真を撮って，ブログは晩に書くのよ。読んでね。
圭介：もちろんだよ。

❶ (1) What, time
(2) many
(3) How, weather
(4) Where, do

❷ (1) I leave home at seven(.)
(2) What time do you get up on Sundays(?)
(3) Who cleans your classroom(?)
(4) My birthday is December eleventh(.)

❸ (1) the tennis team （3 語）
(2) 私たちはふつう夕食後に音楽を聞きます。
(3) (a) He is［He's］from Australia.
(b) He practices (it) on Tuesday and Thursday.
(c) He plays the guitar.
(d) She teaches (many) Japanese songs (to him).

❹ (1) (例) I am［I'm］thirteen (years old).
(2) (例) I go to school by bus.

❶ 答えの文から問いの内容を考える。
(1)「今，3 時です。」と答えているので〈時刻〉をたずねる **What time is it?** にする。
(2)「6 (時間)あります。」と答えているので，〈**How many ＋名詞の複数形～?**〉で「今日はいくつ(何時間)授業がありますか。」と〈数〉をたずねる文にする。
(3)「晴れています。」と答えているので〈天候〉をたずねる文にする。
(4)「公園でそれをします。」と答えているので〈場所〉をたずねる文にする。

❷ (1)「家を出る」は leave home。「7 時に」at seven を文の最後におく。
(2)「何時に～しますか。」は **What time ～?** でたずねる。
(3)「だれが」は **who** でたずねる。疑問詞が主語になる文の形。who は 3 人称単数として扱い，動詞は s, es をつけて 3 人称単数現在形にする。
(4) 日付は〈月＋日〉の語順で表す。日にちを表すには**序数**を用いる。11(eleven)の序数は eleventh。

❸ (1) 文脈より，前文の the tennis team を指す。It has ～.「～を持っています。」は「(部員)がいます。」の意味。
(3) (a)「ニックはどこの出身ですか。」 本文 1 行目参照。
(b) **What day ～?** は曜日をたずねる疑問詞。「ニックは何曜日にテニスを練習しますか。」 本文 4 行目参照。on Tuesday and Thursday とある。

(c) **Which ～, A or B?** は「～はAとBのどちらですか。」とたずねる表現。「ホストファーザーはギターとピアノのどちらを演奏しますか。」本文5～6行目参照。ホストファーザーはギターをひき，ホストマザーはピアノをひく。
(d) 〈**What ＋名詞**〉で「何の～」とたずねる疑問文。「ニックのホストマザーはニックにどんな歌を教えますか。」本文6行目に，many Japanese songs「たくさんの日本の歌」を教えるとある。

❹ (1) **How old ～?** は〈**年齢**〉をたずねる表現。「あなたは何歳ですか。」～ year(s) old「～歳」を使って答える。略して数だけを言うこともある。
(2) **How** で**手段・方法**をたずねる文。「あなたはどうやって学校へ行きますか。」交通手段は〈**by ＋乗り物名**〉で表す。by bus「バスで」，by bike「自転車で」のように答える。walk to school「歩いて学校へ行く」などでもよい。

ミス注意! ────────────────★
交通手段を表すときは，乗り物名に a, an や the をつけない。
・I have <u>a</u> bike.
・I go to the park <u>by bike</u>.
〈by ＋乗り物名〉

全訳

❸ みなさん，こんにちは。ぼくの名前はニックです。ぼくはオーストラリア出身です。ぼくは今この町で日本人の家族のところに滞在して中学校に通っています。ぼくはスポーツが大好きです。ぼくは学校でテニス部に入っています。テニス部には20人の部員がいます。ぼくはそこに友だちがたくさんいます。ぼくたちは火曜日と木曜日の放課後に練習をします。
　ぼくは音楽も好きです。ぼくのホストファーザーはギターをひき，ホストマザーはピアノをひきます。彼女はぼくに日本の歌をたくさん教えてくれます。ぼくたちはたいてい夕食後に音楽を聞き，ときどきそれらの歌を歌います。それは楽しいです。
　ぼくは日本とぼくの日本の家族が大好きです。

---

16 過去形① ― 一般動詞の過去形 ―

STEP 1 要点チェック 本冊 P.76

① walked　② used

STEP 2 基本問題 本冊 P.77

1 (1) helped　(2) didn't　(3) Did, visit
2 (1) read, last　(2) didn't, ago
　(3) Did, clean, did
3 (1) I studied math yesterday.
　(2) Yuka went to the library yesterday.

解説
1 **yesterday**「きのう」とあるのですべて過去の文。
(2) 過去の否定文は〈**主語＋ did not[didn't]＋動詞の原形 ～.**〉。「クミはきのう私に電話をしませんでした。」
(3) 過去の疑問文は〈**Did ＋主語＋動詞の原形 ～ ?**〉。動詞は原形にする。「あなたはきのうトムのところを訪れましたか。」
2 (1) read[ri:d]は**不規則動詞**。過去形は read[red]。つづりは同じだが発音が異なることに注意。
(2) 過去の否定文なので動詞の前に **did not** の短縮形 **didn't** をおく。「～前に」は～ **ago**。
3 (2) goes の原形は go。go は不規則動詞で過去形は **went**。

STEP 3 得点アップ問題 本冊 P.78

1 (1) talk　(2) made
　(3) knew　(4) writes
2 (1) didn't, enjoyed　(2) did, tried
　(3) Where, ran　(4) When, came
3 (1) ① went　② saw
　　③ had　⑤ bought
　(2) あなたはたくさん写真を撮りましたか。
　(3) ア ○　イ ×　ウ ×
4 (1) (例) I went to my friend's house and played video games there.
　(2) (例) I got up at six thirty.

1 (1) 時を表す語句に注意する。every day「毎日」とあるので現在の文。

(2) yesterday とあるので過去の文。make は不規則動詞で過去形は **made**。

(3) then「そのとき」があるので過去形にする。know は不規則動詞で過去形は **knew**。

(4) every week「毎週」とあるので現在の文。主語が3人称単数なので write に s をつけて3人称単数現在形にする。

2 (1)(2) 過去の疑問文は答えるときも did を使う。2つ目の文は，対話の流れを読み取り質問の文の動詞を過去形にして入れる。規則動詞 try の過去形は y を i にかえて ed をつける。

(3)「あなたはきのうどこで走りましたか。」「私は公園で走りました。」

(4)「あなたはいつ日本に来ましたか。」「私は去年ここに来ました。」

3 (1) ③ have a (very) good time は「(とても)すばらしいときを過ごす」の意味。have は不規則動詞で過去形は **had**。

(2) take pictures「写真を撮る」 a lot of 〜「たくさんの〜」

(3) **ア**「サムは2年前に京都を訪れました。」 対話文2行目参照。take a trip to 〜「〜へ旅行する」

イ「涼子は京都で新しいデジタルカメラを手に入れました。」 涼子がデジタルカメラを買ったのは京都へ旅行に行く前。対話文9行目参照。

ウ「サムは写真を涼子に見せました。」 デジタルカメラの写真を見せようとしたのはサムではなく涼子。

4 (1)「あなたはこの前の日曜日に何をしましたか。」

(2)「あなたは今朝何時に起きましたか。」

全訳

3 **涼子**：こんにちは，サム。私は先月修学旅行で京都に行ったのよ。

サム：ええ，本当？ ぼくは2年前に京都に旅行したよ。京都は美しい都市でぼくの大好きな都市だよ。

涼子：京都でほかの国からの人たちを大勢見たわ。とても楽しいときを過ごしたわ。

サム：たくさん写真を撮ったかい？

涼子：ええ，撮ったわ。ここで見られるわ。

サム：ああ…。いいデジタルカメラを持っているね！

涼子：ありがとう。修学旅行の前に買ったのよ。小さくて軽いわ。

サム：ぼくも新しいのがほしいんだ。

涼子：とても役立つわよ。その中にある写真を見ましょう。

サム：ああ，そうしよう。

---

17 会話表現

STEP 2 基本問題 本冊 P.81

1 (1) エ (2) イ (3) ウ (4) ア

2 (1) straight (2) Thank, for

(3) speak[talk], to, Speaking

3 (1) いらっしゃいませ。

(2) それをください。

(3) あなたのノートを私に見せてくれますか。

解 説

1 (2) お礼に対する返答 **You're welcome.** は決まり文句。You're は You are の短縮形。

2 (1) 道順を説明するときの表現。

(3) かかってきた電話が自分へのものだったときの応答。I am 〜 . とは言わないので注意。

3 (1) 店員が店に入ってきた客に言う決まり文句。

(2) 店で，商品を買うことを決めたときに客が言う表現。

STEP 3 得点アップ問題 本冊 P.82

1 (1) I'm, sorry, all (2) Sorry, is, out

(3) Can, you, Sure

2 (1) Can I speak to Mr. White(?)

(2) The park is on your right(.)

(3) Turn left at the bookstore(.)

(4) Is Yuki at home(?)

3 (1) ①ウ ③ア ④イ

(2) What color do you like(?)

あなたは何色が好きですか。

(3) イ

4 (1) Excuse me, but where is the library?

(2) Thank you[Thanks] for your[the] postcard.

1 (1)「ごめんなさい。」は **I'm sorry.**。程度の軽い謝罪は会話では Sorry. と一言で言うこともある。謝罪に対しては **That's all right.**「だいじょうぶです。」/ **It's OK.**「いいんですよ。」などと応じる。
(2)「出かけています」は〈be 動詞 + out〉。
(3) 依頼の表現は Can you ~?, Please ~ . など。依頼を引き受けるときは **Sure.**「いいですとも。」, **All right.**「わかりました。」などと言う。

2 (2) 道順を説明するときの表現。「右[左]側に」は **on your[the] right[left]**。
(4) 電話での会話表現。「いらっしゃいますか」は「在宅ですか」の意味で **be at home** を使う。

3 (1) いずれも買い物の場面での基本的な会話表現。
(2)〈What + 名詞〉で始まる疑問文。前後の会話の流れから T シャツの色が話題になっていることを読みとり，色をたずねる文にする。
(3) ア「アンは自分のために青い T シャツをほしがっていました。」 自分のためではなく父親のために，父親が好きな青色の T シャツがほしかったので合わない。対話文 3 ～ 4 行目参照。
イ「アンのお父さんは青色が好きです。」 対話文 4 行目の内容に合う。
ウ「アンはお父さんのために赤い T シャツを買いました。」 買ったのは赤ではなく青い T シャツなので合わない。

4 (1) 見知らぬ人に話しかけるときには，一言 **Excuse me**「すみません」と言ってから but で本題を続ける。「～はどこですか」は場所をたずねる疑問詞 where を使う。
(2)「ありがとう。」は **Thank you.** または **Thanks.**。何についてのお礼かをはっきり述べるときは for ～を続ける。

3 店員：いらっしゃいませ。
アン：T シャツを探しているのですが。
店員：あなたは何色がお好きですか？
アン：ええと…，私のではないのです。父の T シャツがほしいのです。彼は青が好きです。
店員：では，この青いのはいかがですか？
アン：とてもすてきだわ。いくらですか？
店員：2,000 円です。
アン：いいわ。手ごろですね。それをください。
店員：ありがとうございます。

18 接続詞・前置詞

STEP 2 基本問題 本冊 P.85

1 (1)（私は）カメラかコンピュータがほしいです
(2)（彼は）海のそばに住んでいます
2 (1) but　(2) with　(3) in　(4) or
3 (1) Bill and Lisa are under (the tree.)
(2) (Mike) came to Japan in 2010(.)
(3) I talk with him in (Japanese.)

1 (2) by ～「～のそばに」
2 (1) （ ）の前後の文が反対の内容を表している。
(2)「（道具）で」は with。
3 (2)「～年に」と〈時〉を表す前置詞は in。

STEP 3 得点アップ問題 本冊 P.86

1 (1) of, but　(2) before, and, after
(3) by, or, by
2 (1) I watched a movie about animals on (TV.)
(2) They stayed in Kyoto for three days(.)
(3) My mother makes a cake for us on (Christmas.)
(4) (I) did not swim in the river (yesterday.)
3 (1) ① イ　② エ　③ ウ　④ ア
(2) この次の土曜日に私の家に来てくれますか。
(3) ア ○　イ ×　ウ ×
4 (1) I like cooking, but I don't like washing.
(2) Which do you have[eat] for breakfast, rice or bread?

解説（左段）

1 (1)「〜の…」は〈... of 〜〉。日本語との語順のちがいに注意する。

(2) **before** breakfast「朝食の前」と **after** dinner「夕食のあと」を **and** でつなぐ。

(3) by car「車で」と by train「電車で」を **or** でつなぐ。〈**by ＋乗り物名**〉は交通手段を表す。乗り物名の前には a，an，the をつけないことにも注意する。

3 (1) ② with 〜「〜といっしょに」

③ from 〜「〜出身の」

(2) can には「〜できる」という意味もあるが，ケリーが Oh, sure.「ええ，もちろん。」と承諾していることから，この文脈の Can you 〜? は「〜してくれますか。」という依頼の意味になる。

(3) ア 対話文2行目のケリーの発言参照。

イ 対話文6〜7行目のケリーの発言参照。「ときどき作る」と言っている。

ウ 対話文8行目の綾香の発言参照。they love it「彼らはそれが大好きです。」と言っている。they は my parents「（綾香の）両親」，it は *okonomiyaki* を指す。つまり綾香の母親はお好み焼きが大好きということ。

4 (1)「料理は好き」「洗濯は好きではない」という反対の内容を表す2つの文を but でつなぐ。but の前にはカンマを入れる。

(2)「A か B かどちらか」とたずねる文は Which で始め，文末に〈, A or B?〉をおく。

全訳

3 綾香：あなたは日本の食べ物が好きかしら，ケリー？

ケリー：ええ。すしやみそ汁が好きだけど…，でも，納豆は好きではないわ。あなたはどう？

綾香：まあまあね。私の母は毎日納豆を食べるのよ。いつも「納豆は健康にいいのよ」って言うの。

ケリー：私が好きな日本の食べ物はお好み焼きよ。ときどき母といっしょに作るわ。

綾香：私もお好み焼きが好きよ。私の両親は大阪出身で，お好み焼きが大好きなの。

ケリー：大阪ではお好み焼きは人気があるの？

綾香：そうよ。母はお好み焼きを作るのがとてもじょうずなの。

ケリー：本当？

綾香：そうだわ。お好み焼きパーティーをしましょう。この次の土曜日に私の家に来てくれる？

ケリー：ええ，もちろんよ。待ちきれないわ！

16〜18のまとめ

定期テスト予想問題　　　　　本冊 P.88

❶ (1) ウ　(2) ア　(3) ウ　(4) イ

❷ (1) Can you make lunch(?)

(2) What did you eat last night(?)

(3) My mother did not watch TV (yesterday.)

(4) Tom and I saw a movie (last week.)

❸ (1) ① went

② read

(2) (I) had a very good time (today.)

(3) 子どもたちと遊んだ。

子どもたちに本を読んであげた。

(4) (a) She finished it at about twelve.

(b) She talked about the[her volunteer] work with her mother.

❹ (1) Did you read any books last week?

(2) I didn't[did not] have[eat] breakfast this morning.

解説（右段）

❶ (1) 電話で「〜をお願いします。」と依頼するときには，〈Can[May] I speak to 〜?〉で表す。

(2)「（曜日）に」は on を使う。イ〈at ＋時刻〉，エ〈in ＋月，年，季節など〉

(4)「〜，それとも…」は or を使って表す。

❷ (1)「〜してくれますか。」と依頼する文は〈Can you 〜?〉で表す。

(2) 疑問詞 what を文の最初におき，一般動詞の過去形の疑問文を続ける。

(3) 一般動詞の過去形の否定文は〈主語＋ didn't[did not]＋動詞の原形 〜 .〉で表す。

(4)「〜と…」は and を使って表す。「〜と私」と言う場合，必ず I「私」をうしろにおき，〜 and I としなければならないので，注意する。saw は see の過去形。不規則に変化する。

❸ (1) ① 同じ文の後半に過去形 worked があるので，go も過去形 went にする。

② 同じ文の前半に played がある。read [ríːd] の過去形は read [red]。つづりは同じだが発音がちがうので注意する。

(2) have a good time で「楽しいときを過ごす」。形容詞・副詞を強める very「とても」は good「すばらしい」の前におく。

(3) 日記文3行目参照。

(4) (a)「真由子は何時に彼女のボランティアの仕事を終えましたか。」日記文4行目参照。

(b)「真由子は昼食のあと何をしましたか。」日記文5〜6行目参照。

❹ (1) 過去の疑問文で表す。「何冊か」は，疑問文なので any books とする。

(2) 過去の否定文で表す。「食べる」は have，eat どちらでもよい。this morning「今朝」は，話している時点より前であれば「過去のとき」を表す。

❸ 真由子は中学生です。彼女は公民館の近くに住んでいます。この町の子どもたちは日曜日にそこに来て遊びます。これは彼女の日記です。

3月25日

今日，私は公民館に行きボランティアとして働きました。私は子どもたちと遊び，彼らに本を読んであげました。彼らは楽しそうでした。私は12時ごろ仕事を終えました。

私は家に帰り，母と昼食を食べました。昼食のあと私たちは仕事について話しました。私は「他人のために何かして，今うれしいわ。」と言いました。すると彼女は「それはすばらしいわ。あなたは本当に仕事を楽しんだのね。私もうれしいわ。」と言いました。

私は今日とても楽しいときを過ごしました。

19 過去形② ― be 動詞の過去形 ―

STEP 1　要点チェック　　　　　　　本冊 P.90

① was　② were

STEP 2　基本問題　　　　　　　本冊 P.91

1　(1) am　(2) were
　　(3) Were, wasn't　(4) was

2　(1)（あなたは昨夜）どこにいましたか
　　(2)（マイクはこの前の土曜日）ひまではありませんでした

3　(1) were　(2) was　(3) Were, you

解　説

1　be 動詞の過去形は，is と am は **was** に，are は **were** になる。**wasn't**, **weren't** はそれぞれ was not, were not の**短縮形**。

2　(2) be 動詞の過去の否定文は「～ではありませんでした，～にいませんでした」の意味。

3　(2)「きのうは寒かったです。」天候・寒暖を表す文。is の過去形は was。

STEP 3　得点アップ問題　　　　　　　本冊 P.92

1　(1) was, yesterday　(2) weren't
　　(3) Were, ago　(4) How, was

2　(1) They were soccer fans.
　　(2) Jim and Tom were in Osaka two days ago.
　　(3) This DVD was not[wasn't] interesting.

3　(1) ① was　② were　③ Are
　　(2) It was rainy (yesterday).
　　(3) 本を読んだ。／音楽を聞いた。／眠った。(順不同)

4　(1) It was my birthday yesterday.
　　　[Yesterday was my birthday.]
　　(2) Where were you last Sunday?

解説

1 (1)「きのうの朝」は yesterday morning。「きのうの夜」last night といっしょに覚えておこう。
(2) 主語が複数なので be 動詞は were。空欄が 1 つなので短縮形を用いる。
(4)「どう」と様子をたずねる疑問詞は how を用いる。〈疑問詞 + be 動詞 + 主語〜?〉の語順にする。

2 (1) 主語が複数になるので be 動詞を were にする。a soccer fan も複数形にすることに注意。

3 (1) 主語と，現在の文か過去の文かにより，am，is，are，was，were の 5 つの be 動詞から適するものを入れる。
①主語は your trip で 3 人称単数。「東京から福岡への旅」はもう終わったことなので過去の文にする。
②主語は you。「電車の中にいた」のも過去。
③同じ文中に now「今」とあり，アンディも No, I'm not. と現在形で答えているので Are が適切。
(2)「きのうの福岡の天気はどうでしたか。」という問い。真衣の最後の発言参照。
(3) アンディの発言中の I read a book and listened to music. と I slept a lot on the train, too. をまとめる。

4 (1)〈時〉を表す It を主語にして過去の be 動詞 was を続ける。文末におく yesterday は副詞。It を使わずに名詞の yesterday「きのう」を主語にしてもよい。
(2)〈場所〉をたずねる疑問詞 Where で始める。

全訳

3 真衣：こんにちは，アンディ。福岡へようこそ。
　アンディ：やあ，真衣。また会えてうれしいよ。
　真衣：私もまた会えてうれしいわ。東京から福岡への旅はどうだった？
　アンディ：とても楽しかったよ。
　真衣：それはよかったわ。あなたはどのくらいの間電車に乗っていたの？
　アンディ：約 5 時間だよ。本を読んだり音楽を聞いたりしたよ。
　真衣：今あなたは疲れているかしら？
　アンディ：いいや，疲れてはいないよ。ぼくは電車の中でたくさん眠りもしたんだ。
　真衣：わかったわ。きのうこちらは雨だったんだけど，今日は晴れていて暖かいわ。街を見て回りましょう！
　アンディ：いいとも。さあ，行こう！

20 過去形③ ─ 過去進行形 ─

1 (1) was　　(2) playing　　(3) Were
(4) were

2 (1) were, practicing　　(2) Was, studying
(3) wasn't, running

3 (1) I <u>was</u> using this computer.
(2) We <u>weren't</u> cooking <u>then</u>.
(3) Who was <u>cleaning</u> this room?

解説

1 (1) 主語の Lisa が 3 人称単数なので was を選ぶ。
(2) 過去進行形の否定文は〈wasn't[weren't]＋動詞の -ing 形〜 .〉で表す。
(3) あとに sleeping があるので，過去進行形の疑問文。主語の your cats が複数なので，Was ではなく Were を選ぶ。

> **ミス注意！**
> あとの動詞の形をよく確認しよう！
> × <u>Did your cats **sleeping**</u>?
> ○ <u>Were your cats **sleeping**</u>?
> 一般動詞の疑問文なら，動詞は原形になるはず。

(4) 疑問詞のある過去進行形の疑問文。ここでは主語が「あなたたち」なので，you にあわせて were を選ぶ。

2 (1) be 動詞の are を過去形 were にかえる。
(2) be 動詞の Is を過去形 Was にかえる。
(3) 主語が 3 人称単数の過去進行形の否定文は〈主語 + was not ＋動詞の -ing 形〜 .〉になる。空所が 2 つなので，was not の短縮形 wasn't を使う。

> **ミス注意！**
> 過去進行形の否定文で didn't は使わない！
> × Koji <u>didn't</u> **running** in the park.
> ○ Koji <u>wasn't</u> **running** in the park.

3 (1) 主語の I のあとに〈was ＋動詞の -ing 形〉をおく。use「〜を使う」は，語尾の e をとって ing をつける。
(2) 主語が複数の過去進行形の否定文なので，〈主語 + weren't ＋動詞の -ing 形〜 .〉の形になる。then は文末におく。
(3) who「だれが」を主語にする。疑問詞は 3 人称単数扱いなので，was cleaning を続ける。クエスチョン・マーク (?) を書き忘れないように注意。

> **ミス注意！**
> 疑問詞が主語の疑問文の語順に注意！
> × <u>Was **who** cleaning this room</u>?
> ○ <u>**Who** was cleaning this room</u>?
> 〈疑問詞 (＝主語) + 過去進行形〜 ?〉の語順になる。

1 (1) teaching　　(2) shopping　　(3) studying

(4) making

2 (1) Were, you　　(2) was, taking

(3) wasn't, playing　　(4) What, was

3 (1) Yes, was　　(2) No, wasn't

(3) was, helping

4 (1) We were not doing our homework (then.)

(2) Where was Ryo sitting in (the classroom?)

5 (1) きのうの 10 時ごろ[ユキとビルを見かけたとき]，

彼らは何をしていましたか。

(2) running

(3) He was painting (a picture) then.

(4) (a) ×　　(b) ○

6 (例)Mike was playing the guitar (at four

(o'clock) yesterday). / Ann was singing (a

song). / Maya and Judy were talking. /

Kenta was playing[practicing] soccer. /

Sayaka was reading a book.　など

解 説

1 (1) (3) そのまま ing をつける。

----ミス注意!----------------------------------*

study の -ing 形に注意!

× studiing　　○ studying

(2) 語尾の p を重ねて ing をつける。

(4) 語尾の e をとって ing をつける。

2 (1) 過去進行形の疑問文。主語 you の前に Were を
おく。

(2) I にあわせて was を使う。

(3) 空所の数から was not の短縮形 wasn't を使う。

(4) 疑問詞 What のあとは 〈was ＋主語＋動詞の
-ing 形～?〉の形。

3 先週の日曜日という過去の話題であることに注意。

(1)「トムは 11 時に柔道を練習していましたか。」―
「はい，練習していました。」→表の 10 ～ 12 時の「し
たこと」から，11 時は練習中だった。

(2)「トムは 2 時に昼食を食べていましたか。」―「い
いえ，食べていませんでした。」→ 2 ～ 4 時はテレビ
を見ていた。

(3)「トムは 5 時に何をしていましたか。」―「彼はお
父さんを手伝っていました。」→ 4 ～ 5 時半の「した
こと」から，5 時は父を手伝っていた。

4 (1)「していませんでした」から，過去進行形の否定文。
主語の we にあわせて，were を補い，直後に not を
おいて，doing を続ける。「(私たちの)宿題をする」
= do our homework

(2)「どこに」から，疑問詞 where ではじめ，そのあ
とは 〈was ＋主語＋動詞の -ing 形～?〉を続ける。
日本文「すわっていた」から sit の -ing 形を補う。
sit は語尾の t を重ねて ing をつける→ sitting

5 (1) then は対話文 1 行目の around ten yesterday
(きのうの 10 時ごろ)を受けている。

(2) **run は語尾の n を重ねて ing をつける。**

----ミス注意!----------------------------------*

run の -ing 形に気をつけよう!

× runing　　○ running

(3)「描いていた」から，過去進行形の文だと考える。
主語は「彼は」で he，「(絵を)描いていた」は was
painting (a picture)とする。

(4) (a)対話文 1 行目を参照。ユキとビルに会ったの
はトム。

(b)対話文 3 行目を参照。

6 きのうの 4 時に進行中だった動作を表すので，過去進
行形を使う。〈主語＋ was[were]＋動詞の -ing 形
～ .〉で表す。時を表す語句の at four (o'clock)
yesterday は省略してもよい。解答例の Maya and
Judy were talking. は，Maya was talking with
Judy. または Judy was talking with Maya. とし
てもよい。主語が単数か複数かによって，was と
were を使い分けること。

(例)「マイクは (きのうの 4 時に)ギターをひいてい
ました。」/「アンは(歌を)歌っていました。」/「マヤ
とジュディは話をしていました。」/「ケンタはサッカー
をして[練習して]いました。」/「サヤカは本を読んで
いました。」

全訳

5 トム：ぼくはきのうの 10 時ごろ公園へ行ったよ。そ
こでユキとビルを見かけたんだ。

エリ：そのとき彼らは何をしていたの?

トム：ユキは犬といっしょに走っていたよ。

エリ：彼女の犬をとてもよく知っているわ。ビルは?

トム：彼はそのとき絵を描いていたよ。それはすてき
だったよ。

21 There is[are] 〜. 構文

1 (1) There, is, in　(2) There, is, by[near]
　(3) There, are, under　(4) There, are, on

2 (1) There, were　(2) there, isn't

3 (1) There are five notebooks on the desk.
　(2) There isn't[is not] a museum in my city. /
　There are't[are not] any museum in my
　city. / There is no museum in my city.
　(3) Are there many people on the street?

解 説

1 「〜に…がある[いる]」を表すには，(1)(2)は名詞(意味上の主語)が単数なので There is 〜. の形，(3)(4)は名詞が複数なので There are 〜. となる。
　(1)「〜の中に」＝ in
　(2)「〜のそばに[近くに]」＝ by[near]
　(3)「〜の下に」＝ under
　(4)「〜(の上)に」＝ on

ミス注意!
on は表面に接している状態を表す!
　× **There are** three photos in the board.
　○ **There are** three photos on the board.
on は「〜の上に」だけでなく，側面や下側に接している状態も表す。the light on the ceiling「天井の明かり」

2 (1)「〜がなかった」という過去の文では，be 動詞の過去形を使う。restaurants は複数なので，There were 〜. となる。
　(2) Is there 〜? の疑問文には，there is[isn't]で答える。

ミス注意!
Is there 〜? の答えの文
Is there a bank near here?
　× — No, **it isn't**.
　○ — No, **there isn't**.

3 (1) a を five にかえると主語は複数になるので，is を are にする。
　(2) There is 〜. の文を否定文にするには，be 動詞 is のすぐあとに not をおいて，There is not[isn't] 〜. とする。または，「1つも〜ない」と考えて，There are't[are not] any museums 〜. / There is no museum 〜. としてもよい。
　(3) There are 〜. の文を疑問文にするには，be 動詞の are を there の前に出して，Are there 〜? とする。

1 (1) ウ　(2) イ　(3) ア　(4) イ

2 (1) There, are　(2) Is, there
　(3) there, in[at]　(4) are, no

3 (1) Yes, there is.
　(2) There are five.

4 (1) There is much snow on (the mountains.)
　(2) There aren't any koalas in (this zoo.)
　(3) Are there any English books there(?)

5 (1) この近くにバス停はありますか。
　(2) (Well,) there is no bus stop (around here.)
　(3) サヤカが駅までいっしょに行ってくれると言ったから。

6 (1) <u>There</u> is a famous park in my <u>city</u>.
　(2) How many students are <u>there</u> <u>in</u> your school?

解 説

1 (1) 主語は複数の many people なので，**ウ** are を選ぶ。
　(2) before から過去の文とわかり，主語は単数の an amusement park なので，**イ** was を選ぶ。
　(3) There is のあとに続く computer は単数なので，**ア** a を選ぶ。

ミス注意!
特定のものは There is 〜. では表さない!
　× **There is** <u>my</u> computer on the desk.
　○ **There is** <u>a</u> computer on the desk.
There is[are] 〜. の文で表せるのは，不特定のものの存在。「私のコンピュータ」のように，所有者が特定されている名詞には使わない。
　(4) There aren't のあとに続くので，複数扱いの名詞**イ** any people を選ぶ。water のような数えられない名詞は単数扱いなので，**ア**は不適切。

2 (1) twenty-nine days を主語にして，There are 〜. の形で表す。「今年の2月は29日あります。」
　(2) a baseball stadium を主語にして，Is there 〜? の形で表す。「あなたの市に野球場はありますか。」
　(3) 数をたずねる〈How many ＋名詞の複数形＋ are there 〜?〉の形で表す。「あなたの学校にはクラブがいくつありますか。」
　(4) not (〜) any …「少しの…も(〜)ない」を，「1つもない」と考えて，no students とする。ここは複数形なので，be 動詞は are とする。「その体育館には生徒が1人もいません。」

3 (1) Is there 〜? の答えの文には，there is[isn't]を使う。「木の下に自転車が1台ありますか。」—「はい，あります。」
　(2) 3語の指定があるので，There are five <u>children in this picture</u>. の下線部は省略する。「この絵には子どもが何人いますか。」—「5人います。」

4 (1) is と there があるので，「〜がある。」の意味を There is 〜. の形で表す。much は数えられない名詞の snow の前におく。
　(2) aren't と there があるので，「〜がいない。」という否定文を，There aren't 〜. の形で表す。any は名詞の koalas の前におく。
　(3) there と are があるので，「〜はありますか。」は疑問文 Are there 〜? の形で表す。2つある there のうちの1つは，「そこに」という場所を表す語なので，文の終わりにおく。

5 (1) Is there 〜？の疑問文なので「…に〜があります
か。」という意味。a bus stop「バス停」
(2) is と there があるので，there is 〜 の形にする。
no のあとに bus stop を続けて，「（そうですね，こ
の辺りに）バス停はありません。」という文にする。
(3) 対話文 4 〜 5 行目参照。2 人はいっしょに駅へ歩
いて向かう。

6 (1)「私の町には有名な公園が 1 つあります。」という
文にする。主語は「有名な公園」= a famous park
で単数なので，There is 〜 . の形で表す。there を
使う指示がなければ，My city has a famous park.
でもよい。
(2)「何人いるか」と質問するのだから，〈How
many ＋名詞の複数形＋ are there 〜 ?〉を使い，「あ
なたの学校には何人の生徒がいますか。」という文に
する。there を使う指示がなければ，How many
students does your school have? でもよい。

5 **女の子**：すみません。この近くにバス停はあります
か？
サヤカ：そうですね，この辺りにバスの停留所はあり
ません。
女の子：それでは私はどうやって駅に行けますか？
サヤカ：そこまで歩けますよ。私といっしょにいらっ
しゃいませんか？
女の子：ありがとうございます。

---

❶ (1) There, is　　(2) was, not
(3) was, doing　　(4) Was, there

❷ (1) There are not any pens (in the box.)
(2) Were you studying math (at eight last night?)
(3) How many desks are there (in the room?)

❸ (1) ① wasn't　　③ saw　　⑤ eating
(2) たくさんの種類の動物がいました。
(3) How many koalas were there(?)
(4) (a)　He was in[at] the[a] zoo.
(b)　Yes, there were.

❹ (1) I was running in the park then.
(2) How many students are there in your class?

❶ (1)「〜がある。」は〈There is[are] 〜 .〉で表す。
be 動詞は続く名詞が単数か複数かによって使い分け
る。
(2) be 動詞の過去形の否定文は〈was[were] not
〜〉で表す。
(3) **過去進行形「〜していました。」**は〈主語＋ was
[were]＋動詞の -ing 形 〜 .〉で表す。主語が My
sister なので，be 動詞は was を使う。
(4)「〜がいましたか。」とあるので，Was[Were]
there 〜 ? を使う。主語が a cat と単数なので，be
動詞は was にする。

❷ (1)「〜がない。」は〈There is[are] not 〜 .〉で
表す。「1 つも〜ない」は not 〜 any とする。
(2) **過去進行形の疑問文「〜していましたか。」**は
〈Was[Were]＋主語＋動詞の -ing 形 〜 ?〉で表す。
(3) 数をたずねる疑問文は〈How many ＋名詞の複
数形〉で始める。「ありますか」とあるので，そのあ
とは are there を続ける。

❸ (1) ①同じ文の最後に then とあるので，isn't は
wasn't にする。③同じ文の最後に yesterday とある
ので，see は saw にする。⑤直前に were があるこ
とから，過去進行形だと判断し，eating とする。
(2) There were 〜 .は「〜がありました[いました]。」
という意味。また，**many kinds of 〜は「たくさ
んの種類の〜」**という意味を表す。
(3) 与えられた語とその直後のケビンの発言より，数
をたずねる文であることがわかる。〈How many ＋
名詞の複数形〉で始め，were there を続ける。「何
匹のコアラがいましたか。」
(4) (a)「ケビンはきのうの 2 時にどこにいましたか。」
対話文 4 行目参照。(b)「動物園にコアラはいました
か。」対話文 7 行目参照。

❹ (1)「走っていました」なので，過去進行形の文。〈主
語＋ was[were]＋動詞の -ing 形 〜 .〉で表す。run
は n を重ねて running とする。
(2) 数をたずねる疑問文は〈How many ＋名詞の複
数形〉で始める。「いますか」は are there を続ける。

❸ **絵美**：私はきのうの2時にあなたに電話したのよ。あなたは出なかったね。何をしていたの？

ケビン：ごめん。ぼくはそのとき家にいなかったんだ。ぼくは動物を見ていたんだよ。

絵美：動物を見ていたの？

ケビン：うん。きのうぼくは家族と動物園に行ったんだ。たくさんの種類の動物がいたよ。

絵美：いいね。あなたは動物が好き？

ケビン：うん。ぼくはコアラが好きなんだ。きのう，動物園で見てきたよ。

絵美：コアラは何匹いたの？

ケビン：約10匹だよ。

絵美：コアラたちは何をしていたの？

ケビン：木の上で葉っぱを食べていたよ。かわいかった。

S3n072